JN069046

TAKEOUT

飲食店
人気のテイクアウト

評判35店に学ぶ味づくり・魅せ方・売れる工夫

contents

005 人気のテイクアウト132品の魅力解剖

本書をお読みになる前に

●本書は、月刊誌「近代食堂」2021年４月号～2022年５月号に掲載された特集および連載記事をもとに、加筆・再編集をして１冊にまとめたものです。

●本書に掲載しているテイクアウト商品の中には、すでに販売終了した商品や期間限定の提供だった商品も含まれておりますが、読者の皆様のメニュー開発のヒントになるものとしてそのまま掲載しております。

●すでに販売終了している商品のメニューデータ（売れ数、原価率等）につきましては、販売していた当時の情報です。

●掲載しているメニューの中には、飲食店の営業許可以外にも「食肉販売業」「そうざい製造業」など、食品衛生法に基づく営業許可が必要となるものも含まれております。導入の際は、必ず最寄りの地域の保健所に確認してください。

●調理や提供法がイートインのやり方と同じだと、食中毒のリスクが高まる場合もございます。新たにテイクアウトに取り組む際は、衛生管理に十分気をつけてください。

●新型コロナウイルスの影響により、掲載店の営業時間、定休日等、情報が変わっている可能性もございますのでご了承ください。

＼132 Takeaway dishes were pleased／

人気のテイクアウト 132品の魅力解剖

東京・新宿御苑

Hamburg WILL（ハンバーグウィル）
テイクアウト&デリバリー

■住所／東京都新宿区新宿1-2-5 ファインズビル新宿 1F
■営業時間／11：30〜14：00　17：00〜20：00
■定休日／なし
■規模／10坪
■客単価／1150〜1200円
■調理／早野雅人

調理工程を工夫し、スピード提供とレストランの味の再現を両立

モッツァレラチーズハンバーグ　1180円

レストランと同じレシピで作る「プレーンハンバーグ」980円は、ソースが3種類から選べる。写真は一番人気のデミグラスソースに、プラス200円のモッツァレラチーズソースを合わせたバージョン。旬の野菜の素揚げやピクルス、パスタサラダなど見た目にも鮮やかな手作り総菜を組み合わせ、女性からも好評だ。

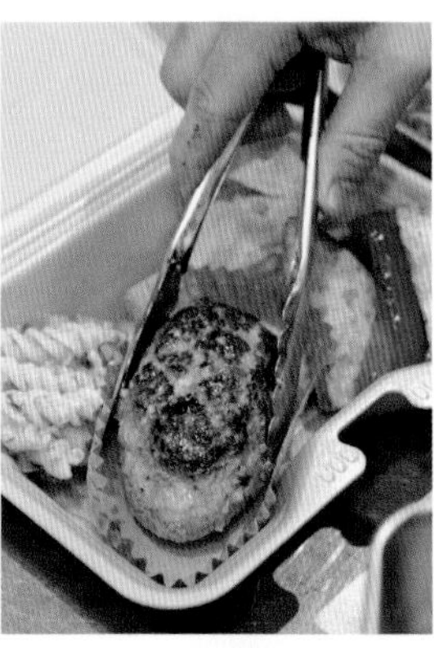
付け合わせは事前に盛り付けておき、注文ごとにハンバーグをのせ、ソースなどをかけてスピード提供。ハンバーグは保温用のオーブンに入れて温かい状態で保温しておく。

Take-out Menu
001

Menu Data>>>
■売れ数：40〜50食
■原価率：25%
■購買層：全般
■提供法：受注調理

▶調理ポイントの紹介はP116

ハンバーグのトッピングや選べるソースでバリエーションを工夫

プレーン～クリームマスタード～ 980円
フォアグラ 600円

Menu Data>>>

■売れ数：15食　■原価率：25%
■購買層：女性　■提供法：受注調理

「プレーンハンバーグ」にフォアグラをトッピングした贅沢バージョン。フォアグラはソテーし、濃縮したバルサミコソースで調味。3種類から選べるソースは、コクがありつつ爽やかな風味のクリームマスタードソースを選択。ハンバーグのパテは銘柄豚の岩中豚の四種類の部位を使用し、一個あたり150g。

“ストーリー”でおいしさアップ

お弁当には、自社のハンバーグの特徴やスタッフたちの思いを書いたチラシを同封。ハンバーグにまつわる“ストーリー”を食べる前に読んでもらうことで、おいしさをより強く感じてもらう。

レストランのクオリティをお弁当で
どこまで再現出来るかにこだわりました！

岩手県最高級銘柄豚 岩中豚100%ハンバーグBOX　～お弁当のこだわり～

大事な事は3つ

温かいお弁当を食べて頂きたいという事。

迅速提供。

お弁当を開けた時、お弁当を食した後

追記。この度は、ハンバーグWILLのお弁当を買って頂きありがとうございます。これからも愛されるお弁当作りに精進して参ります。
店主・スタッフ一同

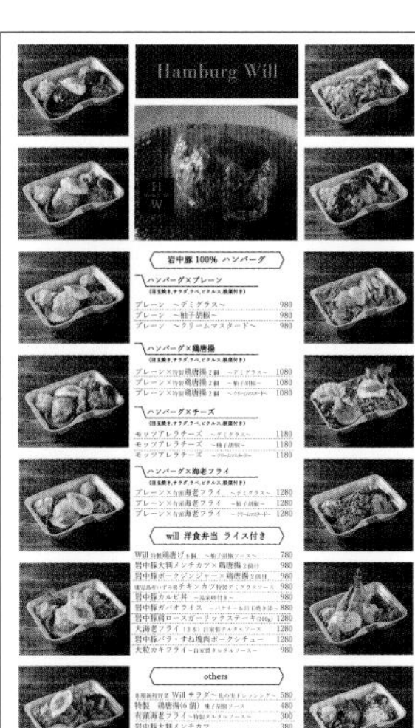

「岩中豚100％」のハンバーグを主力に、「鶏唐揚」や「有頭海老フライ」などをセットした商品も用意。「岩中豚ポークジンジャー×鶏唐揚」や「will洋食弁当」特製岩中豚ガパオライス」などの「will洋食弁当」も好評だ。

20席でランチ4回転、ディナー1〜2回転という人気で、行列ができる店として知られる『ハンバーグヴィル』。本店から徒歩30秒の場所に空き店舗物件が出たことをきっかけに、2019年7月、テイクアウト&デリバリー専門の支店を開業した。

開業当初、メニューは看板商品であるハンバーグを中心に絞り込み、スピード提供するために作り置きを行なった。しかしすぐに客足が鈍り始め、試行錯誤が一年ほど続く。結果、お客が自店に求めているのは冷めてもおいしい弁当ではなく、レストランで食べる時の味に近い温かい弁当だということに気付き、温かさと提供の速さを両立できるように工程を工夫してきた。

特にハンバーグは冷めると脂が固まり味が落ちるため、焼いた後に保温用のオーブンに入れて保存。数々の改善が実を結び、いまではちょっと贅沢なご褒美弁当としてリピーターを獲得。1日100食を売る人気を獲得している。

テイクアウト＆デリバリー店から徒歩30秒の場所に本店のレストランがある。ランチ時ともなると行列が途切れず、並びたくないが同店の味を楽しみたいというお客がテイクアウト＆デリバリー店で購入する。

ボリューム感と濃厚味でファンを掴む

岩中豚のカルビBOX 980円

常連客を飽きさせないように、ハンバーグ以外の独自商品も導入。ハンバーグで使うのと同じ銘柄豚の岩中豚のバラ肉を注文ごとに焼き、濃厚な味わいのソースで調味。ご飯の上に敷き詰める。クセになる味わいで、男女ともにファンが多い。半熟卵とコチュジャンを別添えに。

▶調理ポイントの紹介はP118

Take-out Menu
003

Menu Data>>>

■売れ数：10〜15食
■原価率：25%
■購買層：全般
■提供法：受注調理

さかなとぉでん　うおべぇ

■住所／千葉県木更津市木更津1－1－32
■営業時間／11：30～14：00（L.O.）、16：00～23：00（L.O.フード22：00、ドリンク22：30）
■定休日／日曜・月2回月曜　■規模／17坪・24席
■客単価／昼1500円　夜5300円（土曜・祝日は夜4600円）
■テイクアウト客単価／弁当1500円　オードブル6000円
■経営・調理／熊谷祐哉

店の魅力をギュッと凝縮したこだわりのご馳走オードブル

Take-out Menu
004

オードブル（2～3人前）堪能　6600円

自店の魅力を表現できる料理で構成。内容はその時々で異なる。写真はわらさ串カツ、おでん　ロールキャベツ、耕す　平飼い卵だし巻き、たちうおネギ味噌焼き、木更津の恵みポーク生姜焼き、石野さんのトマトネギだれ炒め。注文を受けた際、つまみ利用か食事利用か、年齢や何人で食べるのか、好きなものなどを尋ね、相手が満足感を覚える内容に仕上げていく。リピートのお客には、前回と内容が被らないようにする配慮も。

Menu Data>>>
■売れ数：25～30食／月
■原価率：25～35%
■購買層：ファミリー
■提供法：受注調理

▶調理ポイントの紹介はP121

自然養鶏の平飼い卵を用いた、だし巻き玉子。黄色ではない、薄いレモン色が特徴で、だしをたっぷり含ませ、ふっくら焼き上げる。

生姜焼きは下に敷くキャベツのせん切りに、炒めたタレをかけてから盛りつける。このタレの染みたキャベツ自体も"おかずの一品"と位置づけ、余すところなく楽しんでもらう。

Take-out Menu

005 店名入り商品名は自信の表われ！おすすめ魚貝の海鮮丼

Menu Data>>>

■売れ数：20食／月
■原価率：36%
■購買層：40～60代女性
■提供法：受注調理

うおべぇの海鮮丼 1860円

魚料理が売り物の同店ならではの強みを生かした海鮮丼。その時々のおすすめの4種の魚貝を盛る。写真は千葉・大原の生のマダコ、北海道のサクラマス、長崎・対馬のブリ、そしてイクラを。毎日、3～4ヵ所の仕入れ先から連絡が入り、とっておきのものを仕入れて盛り込む。

▶調理ポイントの紹介はP121

コロナ禍で店内営業ができなくなった際、多くの店がテイクアウトに活路を見いだしたが、売上減のカバーだけに止まらず、新たなニーズの開拓に成功した店もある。千葉・木更津の『さかなとおでん　うおべぇ』が、そう。

同店は夜の客単価5000円前後の店で、テイクアウトメニューも、決して安くはない。だが、〝売る〟ための低価格商品はあえて提供せず、商品価値のみで〝売れる〟ものに絞って取り組んでいる。

新しくテイクアウトを始めた店が、必ずぶち当たる問題が、店内営業との両立である。これをクリアできず、テイクアウトを止めてしまう店も少なくない。

そこで同店では、テイクアウトメニューはすべて店内商品の延長線上に止め、余計な調理の手間が生じないように心がけている。また、新たにスチコンを導入したことも威力となり、これで以前は断っていた大口注文も対応可能となって、調理能力をグンと高めている。

Take-out Menu

006

名物のおでんを煮もの感覚で弁当に！

名物　木更津おでん弁当

990円

店名にも掲げる名物商品のおでんを弁当でも提供。地元、木更津で獲れるイボキサゴでだしを取ることから、ブランド化を狙って"木更津おでん"と命名する。おでんはあらかじめ仕込んでおけば、あとは温め直して盛りつければよく、提供もスムーズに。冷めても味が変わらず、煮もの感覚で商品化する。

Menu Data>>>

■売れ数：15食／月
■原価率：33%
■購買層：30～50代全般
■提供法：受注調理

▶調理ポイントの紹介はP119

Take-out Menu

007

"子供"が食べたいと言えば、背後の"大人"の注文も掴める

▼調理ポイントの紹介はP120

お子さま弁当　900円

「こどもの日」の需要を狙って開発した「お子さま弁当」。期間限定のメニューだが、毎年継続して提供することで、客足の固定化を狙う。子供がこの弁当を食べたいと言えば、それに合わせて大人も自分たち用のオードブルなどを一緒に注文するため、結果的にある程度の売上が見込める。実に相乗効果の高い商品だ。

Menu Data>>>

■売れ数：32個（2021年度）
■原価率：50%
■購買層：子供連れ客
■提供法：受注調理

炭火焼タイガー

■住所／神奈川県横須賀市若松町2-7
■営業時間／11：30～14：30 17：00～24：00
土曜17：00～24：00　日曜17：00～23：00
■定休日／月曜・第3日曜日　■規模／27坪・40席
■客単価／昼1000円　夜8000円
■テイクアウト客単価／弁当1300～1500円、焼肉セット1万5000円～
■経営／㈲横須賀松坂屋
■調理／松井則昌・三浦 淳

肉の専門知識を活かし、冷めても旨い弁当を開発

焼肉弁当　3500円

1500円～3500円くらいの価格帯で受注生産している、テイクアウトの主力商品。肉はA5ランクの黒毛和牛で、部位は価格帯で異なり、写真はシンシン、ザブトン、カメノコウ、ブリスケットの4種類。計150gを盛る。冷めても硬くならず、食べやすいように細かく切れ目を入れ、火加減は余熱も考慮して調整している。酢ダレとつけダレの2種で、店の味を楽しめる点も好評だ。

Menu Data>>>
■売れ数：最大30食
■原価率：38%
■購買層：ビジネス利用、常連客
■提供法：受注調理

▼調理ポイントの紹介はP122

コロナ禍でも連日2～2・5回転する人気焼肉店『炭火焼タイガー』は、テイクアウトも好調だ。弁当6品700円～、焼肉や野菜を盛り合わせた「お家でタイガー」2品（野菜盛りセット1800円、肉盛りセット2800円）、そして焼肉用の生肉を盛り込む「お家で焼肉セット」1人前3300円～を販売しており、今回はその中の人気商品を紹介する。

同店では、コロナ以前から大口のテイクアウト注文が週1回は入っており、そこで得たノウハウをさらに進化。何度も試作をし、1～2時間後に食べてもおいしく、やわらかくなる切り方や火入れを徹底的に追求している。

一方、「お家で焼肉セット」は、ホットプレートやバーベキューコンロなど、肉を焼くシチュエーションまで考慮してカットを変更。なお、弁当の値付けは、基本的に店での肉の提供価格と同等で、副菜や包材費は含まない。お値打ち感のある内容と、専門性の高さを武器に、新規客とリピーターを多数掴んでいる。

Take-out Menu

009

▶調理ポイントの紹介はP124

サーロイン弁当　3500円

1枚50gに薄切りした黒毛和牛のサーロインを、贅沢に2枚盛り込む。サシの入った部位のため、冷めると脂が固まってしまうことから、温めただしにくぐらせて脂を落としてから焼くという手間をかけている。ベーコンと唐揚げ、ナムルやキムチを盛り込み、多品目の楽しさや彩りのよさでも満足度を高めている。

Menu Data>>>

- ■売れ数：最大30食
- ■原価率：38%
- ■購買層：ビジネス利用、常連客
- ■提供法：受注調理

Take-out Menu

010

Menu Data>>>

■売れ数：平均20食
■原価率：45％
■購買層：会社員、家族客、新規客
■提供法：受注調理

和牛モモ肉の旨味を、酢飯が活かす

ローストビーフ弁当　1350円

ユッケの代わりになる生肉感を味わえるメニューとして開発したローストビーフを、お弁当に活用。原価率45％を投じる。使用するのは外モモの中でも特に旨味の濃いナカニクの部位。短時間で火を入れるため小さくサク取りし、塩のみで下味をつけてオーブンで焼く。注文後に薄くスライス。さっぱりと味わえるように酢飯を合わせ、淡口醤油ベースのタレを添える。

高級感のある黒の容器で贈答用のニーズにも対応

デパートの催事に出店した際に、売れるテイクアウト商品を作るには、パッケージなどハード面の重要性が見逃せないと感じたという松井氏。パッケージは、肉の赤い色が映え、高級感も演出できる黒色で統一。オリジナルの掛け紙や割り箸袋に加え、贈答用の水引きや熨斗も用意。

地元食材を活用し付加価値を高める

自家製ウインナー／3本800円。三浦半島の生産者や人気店とコラボし、夏ミカンやイカスミ、豆腐といった地元食材を活用したソーセージを開発。同店の母体の精肉店や通販でも販売して評判に。手作業でケーシングするため、生産が追いつかないほどの人気商品となっている。

きめ細かさで「おうち焼肉」を格上げ

お家で焼肉セット　1人前3300円～
（合計1万円以上で受注。写真は1人前3500円×3人前）

写真は、家庭のホットプレートで焼く場合を想定した内容で、左上から時計回りに、トモサンカク、トウガラシとザブトン、ウチモモとハバキ、シンシンとカメノコウ、ブリスケットと三角カルビ。サシの入った肉はホットプレートで脂を落として焼くのが難しいため2品ほどにし、赤身中心の内容に。酢ダレと甘ダレ、塩、おろし金と伊豆産ワサビを添える。

Menu Data>>>

■売れ数：週に2～3セット
■原価率：38%
■購買層：贈答用、新規客、常連客
■提供法：受注調理　地方発送可

東京・恵比寿

ロウリーズ・ザ・プライムリブ 恵比寿ガーデンプレイス店

■住所／東京都渋谷区恵比寿4-20-3　恵比寿ガーデンプレイスタワー地下2F
■営業時間／平日11：30～15：00、17：00～20：00　土・日・祝11:00～15:30、17:00～20:00（各1時間前L.O.）
■定休日／無休
■規模／355坪・348席
■客単価／1万1000円
■テイクアウト客単価／1万円
■テイクアウト客数／平日8名、週末15名
■経営／㈱ワンダーテーブル
■調理／高知尾文彦

Take-out Menu

012

一人前から楽しめる 看板商品のローストビーフ

プライムリブ ボックス ロウリーカット（300g）9000円

看板商品のプライムリブを、1人前から楽しめるようにと開発。肉の温め直し方の解説もつけて店で提供するのと同じ状態を再現し、自宅でも楽しんでもらうボックスだ。付け合わせも店内と同様、クリームドコーン、マッシュドポテト、クリームドスピナッチと、ホースラディッシュ、オリジナルのオージューソースを添える。高級感のある包材もこだわりの一つ。

Menu Data>>>
■売れ数：5食
■原価率：40％
■購買層：ビジネス利用、常連客
■提供法：受注調理

\Take-out Menu/

013 厚切り肉の“ご馳走カツサンド”

Menu Data>>>
■売れ数：2~6食
■原価率：45%
■購買層：ビジネス利用、お土産
■提供法：受注調理

▶調理ポイントの紹介はP125

プライムリブカツサンド　5800円

2021年4月に発売した新メニュー。225gのローストビーフに衣をつけて揚げ、迫力のあるカツサンドに。ローストビーフならではのしっとりとやわらかい食感と、厚切り肉の食べごたえが魅力だ。肉は衣付けして冷凍しておき、サラダに使用しているドレッシングを味付けに活用するなど、調理のオペレーションも効率化している。

\Take-out Menu/

014 未利用の骨周りの肉を商品化

プルドビーフバーガー　1800円

店では商品化できない、ローストビーフの骨周りの端肉を活用し、近隣のワーカーなどの気軽な利用を狙って開発。骨から外して粗めにほぐした肉をバーベキューソースで味付けしておき、注文ごとにローストオニオン、コールスロー、チーズと一緒に温めたバンズに挟む。チェダーチーズソースとハッシュドポテトを添え、見栄えのよいボックスで提供。

Menu Data>>>

■売れ数：月間100食　■原価率：30%
■購買層：常連客　■提供法：受注調理

▶調理ポイントの紹介はP127

肉感のあるカレーに ローストビーフをプラス！

ロウリーズプライムリブカレー　1800円

プライムリブを楽しめるカレーをコンセプトに開発。スパイシーなカレーの中には、半日煮込んだ柔らかいローストビーフの端材がゴロゴロっと入っており、濃厚な肉の旨味を味わえる。さらに、65gのローストビーフを1枚付け、ご馳走感をプラス。ローストビーフ単体でも楽しめるように、実際にはローストビーフとカレーを別の容器に盛り付ける。

手間をかけて仕上げる ローストビーフ

多くのファンを集める看板商品のプライムリブは、アメリカ産の骨付きリブアイロールを使用。チョイスグレードのなかでも高品質な肉を厳選している。1本約7kgの塊肉に40日間ウエットエイジングをかけ、17種類のスパイスとハーブを調合したロウリーズ・シーズニング・ソルトで2〜3日間マリネし、120℃のコンベクションオーブンで2時間半〜3時間かけて焼き上げる。しっとりとやわらかく、赤身の味わいを楽しめる。

包材は最小（120g）のプライムリブを入れても貧相に見えないサイズ感を選んだ。保温性と持ち運びやすさを考慮し、付け合わせも蓋付きの容器に入れて提供。肉の温め直し方を解説するサイトへ誘導するQRコードも貼る。

Take-out Menu

015

Menu Data>>>

■売れ数：月間100食
■原価率：36%
■購買層：常連客
■提供法：受注調理

㈱ワンダーテーブルの運営で2001年に日本に上陸したプライムリブ（アメリカンローストビーフ）専門店。同店は記念日利用が多く、リピーターが多いという業態の強みを活かし、コロナ以降、テイクアウトの取り組みを強化。看板商品の「プライムリブ」を中心にしたセットを主力商品に、クリスマスやお正月などのイベント時にはオードブルやケーキ、ワインなどを付けた特別なセットを販売し、多いときは1日200万売る日も。着実に実績を積んできた。

恵比寿ガーデンプレイス店ではファミリーでの利用が多く、4人分のセットが売れ筋だったが、昨今では個食ニーズの高まりを受けて、一人でも楽しめる「プライムリブセット」に加え、ハンバーガーやカレーなどを販売。お土産やビジネス会食を狙った「カツサンド」も新商品として導入した。独自のローストビーフを活用しながらメニューバリエーションを増やし、多様なニーズに応えている。

神奈川・横浜市

炭焼き 大
たまプラーザ本店

■住所／神奈川県横浜市青葉区美しが丘2-14-12 1F
■営業時間／15：00〜23：00
■定休日／無休
■規模／23.21坪・40席
■客単価／約4000円
■テイクアウト客単価／約2000円
■テイクアウト客数／平日約15人・土日祝約20人
■経営／㈱プレジャーカンパニー
■調理／行徳直之

Take-out Menu
016

お値打ちな7品盛りが評判。つまみ盛り合わせプレート

Menu Data>>>
■売れ数：3〜6食
■原価率：38%
■購買層：家族客
■提供法：受注調理

七品の侍 1650円

手作りのおいしさと、一度に7品を楽しめるお値打ちな内容が評判。ワインに合う和食という同店の魅力を象徴する「チーズの味噌漬け」（西京味噌漬け＆青唐辛子味噌漬けの２種）や、炭火で焼いた「イベリコベーコン」のポテトサラダなど、店の特徴を生かした料理を盛り込む。他の５品は「長芋わさび」「鶏の唐揚げ」「銀ダラの西京焼き」「鯵フライ」「広島県産牡蠣フライ」。鶏肉を味噌でマリネしたから揚げなども自慢の一品だ。

塊で調理した牛タンを魅力的なお重に！

Take-out Menu 017

特撰牛タン重　松　1300円

イートインの牛タン串とは調理法を変えて、魅力的な「牛タン重」を開発した。醤油麹でマリネした牛タンの塊を低温調理して中をしっとりと柔らかく仕上げ、さらに表面を炭火焼きにすることで炭の香ばしさもプラス。スライスしてご飯の上に盛り、マリネの醤油麹も活用して作る特製のネギ塩ダレをかける。「松」はタン元を、「竹」1100円はタン元・タン先を半々で使用。

Menu Data>>>
- ■売れ数：5～10食
- ■原価率：36%
- ■購買層：女性客・中高年客
- ■提供法：受注調理

横浜市のたまプラーザを拠点に、神奈川・東京に6業態・16店舗を展開する㈱プレジャーカンパニー。『アジアンビストロ　Dai』を主力業態にする同社が、2013年に出店した和食レストラン業態が『炭焼き　大　たまプラーザ本店』だ。備長炭で焼き上げる国産鶏の串や和牛を始めとした、ワインや日本酒に合う料理の数々が評判で、2018年には新百合ヶ丘店（川崎市）も出店している。

テイクアウトは2020年4月の緊急事態宣言を機に、全社的な取り組みとして本格的に注力。「食卓をレストランに」という思いを全社で共有し、商品本部長・宍倉周弥氏の陣頭指揮の元、各店舗のテイクアウト商品をブラッシュアップした。「お客様に喜んでもらえる価値のある商品で、なおかつ、原価をかけ過ぎずに利益もきちんと確保でき、オペレーション的にも無理がない」。『炭焼き　大』でも、コーポレートシェフ・行徳直之氏を中心に、そうしたテイクアウト商品を開発した。現在（2022年3月）、テイクアウトは「焼き鳥」のみ行なっているが、オーダーがあれば「和牛重」や「焼き鳥重」のテイクアウト注文にも対応している。

テイクアウト専用のメニューチラシを作成してPRを強化。商品写真入りで見やすいデザインのメニューチラシだ。「おつまみ盛り合わせプレート」は、7品にあやかった「七品の侍」という商品名でも注目度を高めている。

\Take-out Menu/

018

Menu Data>>>

■売れ数：5～10食
■原価率：35%
■購買層：男性客・単身者
■提供法：受注調理・店頭販売

炭焼き 大 幕ノ内弁当 950円

揚げ物や焼き魚と一緒に、店の看板商品である炭火焼きの焼とり（写真は「ネギま」と「つなぎ」）も盛り込む。「店名＋幕ノ内」の商品名でも、「人気料理が勢揃いした弁当」であることを効果的にアピールしている。揚げ物は「牡蠣フライ」「鶏の唐揚げ」「鯵フライ」。焼き魚は「銀ダラの西京焼き」で、「チーズの味噌漬け」と漬物も付く。ご飯の上には明太子をのせる。

\Take-out Menu/

019

鶏手羽を活用した新アイデアの揚げ物

Menu Data>>>

■売れ数：10～15食
■原価率：26%
■購買層：全般
■提供法：受注調理・店頭販売

チーズ手羽カツ 1本200円

期間限定メニューとしてイートインでも販売した、鶏手羽を使ったアイデア商品。鶏手羽の骨を抜き、そこに焼とりで提供している「つくね」の肉（鶏モモ挽肉・ヤゲン軟骨等）と味噌漬けにしたチーズを入れ、パン粉をつけて揚げる。テイクアウトで人気が高い揚げ物で、新しいおいしさを味わってもらう意欲的な商品だ。なお、揚げ物などを店頭に並べて販売する場合は、ホットショーケースに入れて保温。

鴨屋 そば香 妙蓮寺本店

■住所／神奈川県横浜市港北区菊名1-3-8 コーポ静河1F
■営業時間／ 11：00〜15：30、17：30〜23：00 土・日・祝日 11：00〜23：00
■定休日／不定休
■規模／35坪・42席
■客単価／1200〜1300円
■テイクアウト客単価／1000円
■テイクアウト客数／50人
■経営／㈱SOBAKOU
■調理／桑田智宏

国産合鴨の厚切りが6枚。リピーター多数の人気商品

Menu Data>>>
■売れ数：5〜10食／日 ■原価率：30%
■購買層：地元主婦・常連客
■提供法：店頭販売、受注調理

塩鴨重 1000円

テイクアウト用に新たに開発し、看板商品に。鴨肉は千葉・埼玉産の合鴨で、身質が柔らかく、旨みが強いのが特徴。これを通常の鴨せいろより3倍厚くカットし、特製のタレでひと晩漬け込んでさらに柔らかくする。人参、玉ネギ、塩ダレの餡とともに炒め、長ネギとばら海苔をのせて提供。厚切り鴨肉が6枚入るボリュームと、鴨の味をシンプルに引き出す塩味が人気のポイントだ。

Take-out Menu
021

そば店らしさも感じる和食のヘルシー弁当

TV収録弁当 1200円

テレビ局向けの差し入れ弁当として提供していたものを新たに導入。塩鴨重を半量盛り、おかずにはそば店の玉子焼きや塩焼き鮭、鶏の山椒焼きをはじめ、ハス、筍、椎茸、大根、人参等の野菜の煮物が入る。煮物は具材ごとに全て別々に和風だしで炊き、デザートの笹団子まで全て一から手作り。揚げ物は入れず、ヘルシーさを打ち出して女性客にも好評だ。

Menu Data>>>

- ■売れ数:10食／日（数量限定）
- ■原価率：35%
- ■購買層：地元主婦・常連客
- ■提供法：店頭販売、受注調理

高級感がありコンパクト収納

弁当容器は黒色で高級感のあるお重タイプ。折りたたみ式でコンパクトに収納できる。容器代は安くないが、店頭でずらりと並べた時に見栄えがし、上質さが通行人にも伝わって誘客に繋がっている。

Take-out Menu

022

とろみのあるつけ汁がテイクアウトにも合う

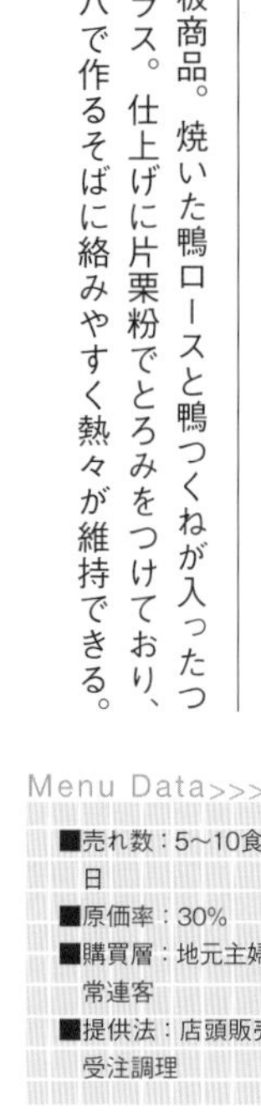

鴨せいろ　1100円

イートインで1日40～50食売る看板商品。焼いた鴨ロースと鴨つくねが入ったつけ汁は、特製の鴨だしでコクをプラス。仕上げに片栗粉でとろみをつけており、これがテイクアウトでも評判。二八で作るそばに絡みやすく熱々が維持できる。そばは茹で麺か生麺かを選べる。

Menu Data>>>

■売れ数：5～10食／日
■原価率：30%
■購買層：地元主婦・常連客
■提供法：店頭販売、受注調理

横浜市内で6店舗のそば店を展開する㈱SOBAKOU。コロナ感染拡大に対応して、いち早くテイクアウト強化に取り組み、２０２０年3月には店頭販売を開始した。

店名に『鴨屋そば香』とある通り、同店の看板商品はとろみのついたつけ汁が特徴の「鴨せいろ」など、国産の合鴨を全面に打ち出したメニューが特徴。テイクアウトでもその点を踏まえ、コロナ禍が始まる少し前から新たにテイクアウト商品として「塩鴨重」を開発。他にも「鴨カツ」や「鴨コロッケ」などもラインナップし、他店のテイクアウトにはない、独自の品揃えで差別化を図っている。

また、もともと同社ではテレビ局やコンサートへのケータリング、ロケ弁の提供も手掛けてきており、そのノウハウを生かした「TV収録弁当」も開発。２０２１年1月からの緊急事態宣言中に提供して人気を得てきた。既製品は使わず、全て手作りで、そば店らしさも打ち出した内容を工夫し、テイクアウトをきっかけに常連化したお客も数多い。

Take-out Menu

023

鴨の旨みが増幅する ビールに合う酒肴の一品

鴨カツ　450円

もともと店内用のつまみ料理としてストックしていたが、コロナ禍で提供を再開。「塩鴨重」と同様の厚さにカットし、同じタレにひと晩漬け込んだ鴨肉を使用する。ヒレカツに近い食感で、揚げることで鴨肉の旨味が増幅。ビールのつまみに好適と、店内利用客がお土産でテイクアウトする例も。多い時は1日25食を販売。

Menu Data>>>

- ■売れ数：10食／日
- ■原価率：15%
- ■購買層：地元主婦・常連客
- ■提供法：店頭販売、受注調理

Take-out Menu

024

専用鶏ガラスープをプラス 濃厚な旨みがクセになる

親子丼　1080円

鴨せいろと並ぶ看板商品で、味のポイントは香味野菜をたっぷり使った親子丼用の鶏ガラスープ。これにかえしを合わせた味付けで鶏肉を煮込み、卵でとじる。ガラスープの濃厚さがクセになり人気なのだ。鶏肉は旨みの強い大山鶏を100g使用。ガラスープに野菜の甘みが含まれるので具に玉ネギは使わない。

Menu Data>>>

- ■売れ数：5〜10食／日
- ■原価率：25%
- ■購買層：地元主婦・常連客
- ■提供法：店頭販売、受注調理

東京・三軒茶屋

食堂かど。

■住所／東京都世田谷区太子堂4-26-6 ヴィラ三軒茶屋
■営業時間／12：00～15：00（カフェ13：30～15：00）、18：00～23：00　日・祝17：00～22：00
■定休日／不定休
■規模／10坪・16席+スタンディング2名、縁側4席
■客単価／昼1000～1200円 カフェ600～1200円 夜4200～4300円
■テイクアウト客単価／1000～1200円
■テイクアウト客数／100～120人
■経営／㈱2TAPS
■調理／中村　錬

＼Take-out Menu／

025

見た目のアピールも抜群！焼鮭&イクラのご馳走弁当

かど。のいくら焼鮭弁当　1100円

Menu Data>>>

■売れ数：30～40食
■原価率：37%
■購買層：家族客・中高年客
■提供法：店頭販売・受注調理

ご飯に上に玉子を盛り、その上に焼鮭とイクラをのせ、見た目のアピール力も高めた弁当。から揚げとサラダもセットして満足感を高めている。サラダはポテトサラダを添え、すだちを使ったドレッシングも自家製だ。同店のご飯は、代表の河内氏の出身地である新潟・村上市の岩船産コシヒカリを使用。ご飯のおいしさも商品力を高めている。

Take-out Menu

026

牛すき焼き丼　1100円

Menu Data>>>

■売れ数：30～40食　■原価率：45%
■購買層：単身者・会社員
■提供法：店頭販売・受注調理

Take-out Menu

027

クオリティーの高さで勝負した料理を丼スタイルで！

２日サイクルで内容を変える丼を毎日２種類用意。イートインの料理と同様に良質な素材を用いるクオリティーの高さ、通りからも見えるオープンキッチンで手作りするおいしさで人気だ。商品は店頭に並べるが、ほぼ作り立ての状態で販売する。「豚挽肉と８種野菜の甘酢餡」は、シャキシャキ感も魅力のレンコンなどの根菜をたっぷり使い、素揚げした茄子を見栄えよく盛る。「牛すき焼き丼」はご馳走料理のすき焼きを丼スタイルにして好評だ。

丼商品は上下セパレートの容器を使い、ご飯をよりおいしい状態で食べてもらえるようにしている。「牛すき焼き丼」は生卵もセットし、食べる時に使ってもらう。

豚挽肉と８種野菜の甘酢餡　800円

Menu Data>>>

■売れ数：20～40食　■原価率：30%
■購買層：単身者・会社員
■提供法：店頭販売・受注調理

特別感のあるすしが、土日を中心に大人気！

（写真上）うなぎ寿司　2000円　（写真下）ばらちらし寿司　1500円

グループ店の『コマル』で作っているすし2品。ハレの日に食べたくなる魅力があり、土日に2品合わせて1日80食売れたこともある。取材時の「ばらちらし寿司」は煮穴子やイクラ、玉子、菜の花などの彩りが美しい。「うなぎ寿司」は炭火で焼いたウナギを容器いっぱいに盛る。どちらも長方形の容器（205㎜×70㎜）を巧みに使いこなした盛り付けだ。

『食堂かど。』は2020年6月にオープン。東京・三軒茶屋に繁盛酒場の『マルコ』、『ニューマルコ』、『コマル』をドミナント展開する㈱2TAPSの初の「食堂」業態だ。昼は定食店&茶屋、夜は酒場として営業しながら、弁当や総菜のテイクアウト販売も行なっている。

2021年1月からの緊急事態宣言下では、『食堂かど。』はイートイン営業を休みにしてテイクアウトに専念。他のグループ店で作る弁当なども『食堂かど。』に集約して販売し、テイクアウトのみの営業で日商25万円を超える大人気を博した。

そんな同店のテイクアウト商品のポイントについて代表の河内亮氏は、「見た目のインパクトとバリエーション」と話す。テイクアウトの商品でもSNSの重要性を強く意識し、容器や盛り付けの見た目の良さを工夫。丼・弁当から総菜、よりご馳走感のある特別な商品まで、様々な食事のシーンに合わせて選んでもらえる品揃えのバリエーションも大きな魅力になっている。

瓶詰めや真空パック商品も好評

自家製の「瓶詰め」商品も販売。写真の「駿河湾釜揚げしらすの香草オイル漬け」800円は、パスタなどに使っても美味だ。「銀鮭すだち柚庵漬」「鯖柚子醤油漬」など、味付けを工夫した焼き魚用の真空パック商品も好評。

テイクアウト販売は、ファサードに設けた「縁側」のスペースを活用。通りから視認性の良い縁側にテイクアウトの弁当や総菜を並べることで、効果的に購買につなげている。

(写真上) カレーハムカツ 500円
(写真右) ワカサギの南蛮漬け 500円
(写真左) THE タルタル唐揚げ 500円

酒場らしさのある単品商品も販売。「南蛮漬け」はカリッと揚げたワカサギを、パプリカ、新玉ネギとともに地に漬けて作る。「タルタル唐揚げ」は生姜・ニンニクをしっかりと利かせたから揚げと自家製タルタルが評判。「ハムカツ」はカレー味にしたひと工夫で魅力をアップ。他に生海苔を衣に使ったハムカツなども開発。

福岡・警固

焼とりの八兵衛
上人橋通り店

■住所／福岡県福岡市中央区警固1- 4-27
■営業時間／17：00～22：00
■定休日／無休
■規模／約35坪・48席
■客単価／5000～6000円
■テイクアウト客単価／1000～10000円
■テイクアウト客数／75人
■経営／㈱hachibei crew
■調理／林タツヤ

Take-out Menu

033

定番人気を詰め込んだ高リピートの彩り弁当

焼とり弁当　1000円

Menu Data>>>
■売れ数：20～30食
■原価率：35～40%
■購買層：常連客・家族客・単身者・会社員
■提供法：受注調理

弁当の中で断トツの人気を誇る。豚バラ・手作りつくね・骨なし手羽塩の定番３種の焼とりに、すりつぶしたえんどう豆を揚げた名物「えんどう豆の串揚げ」、そして配色にも配慮した卵焼きや明太子、ちくわの磯辺揚げ、柴漬けなどを美しく盛り付ける。「蓋を開けて喜んでもらえるような弁当」を目指した結果、差し入れなどの大量受注にも繋がっている。

Take-out Menu

034

健康志向をくすぐる“ロカボ飯”

ブロッコリーと胸肉のロカボBOX　700円

Menu Data>>>
■売れ数：10食
■原価率：35～40%
■購買層：単身者
■提供法：受注調理

「最強のストイック飯」をキャッチフレーズに、蒸し鶏とブロッコリーのみのシンプルさでジム通いの人、コロナ太りが気になる人など、低糖質を意識している層にヒット。鶏胸肉は低温調理で水分を逃さず柔らかく仕上げ、「ローストオニオン&アンチョビ」と「梅じそ」のドレッシングを付ける。

福岡の焼とり店といえばまず名が挙がる有名店『焼とり八兵衛』のテイクアウトが話題だ。メニュー開発に1ヵ月をかけ、2020年5月から販売を開始した。「食卓を明るくする」をコンセプトに、箱にもこだわった5種の弁当に、焼とりはひと串から盛り合わせまで用意し、居酒屋メニューで人気の豚足などの一品も揃う。

「八兵衛のすべてが詰まっている」とは代表の八島且典氏。特に弁当は色彩、食べやすさ、ごはんの量、おかずの組み合わせなどを考慮して何度も試作を重ねてきた。「弁当をひとつ買ってくれたお客様が、次は20個と大量注文してくれたり、これなら1～2年先でも売り続けられると、手応えを感じています」と語る。

ファミリー層のファンの獲得にも繋がった。テイクアウトの利用を経て、子連れで週末に来店する家族が増えたという。デリバリーサービスも活用し、1日20万円売り上げることも。ゆくゆくはテイクアウト専門店の出店を視野に、新幹線で食べるような博多名物弁当にしたいと意気込む。

紙製の特注箱で特別感をアップ

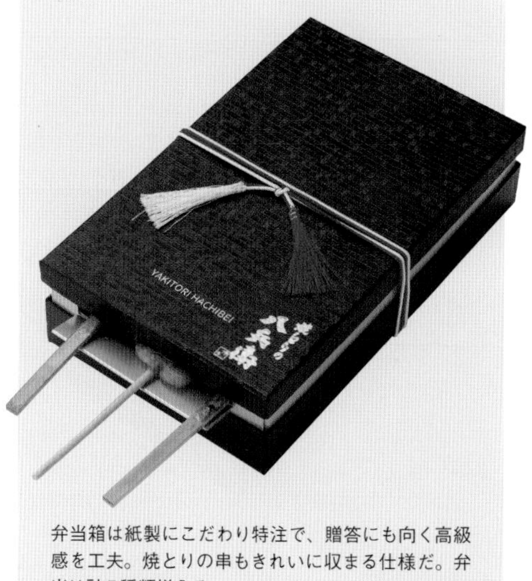

弁当箱は紙製にこだわり特注で、贈答にも向く高級感を工夫。焼とりの串もきれいに収まる仕様だ。弁当は計5種類揃える。

家庭で作るのが難しい トロトロ豚足もヒット！

Take-out Menu

035

とん足の炭火焼き

400円

居酒屋メニューで人気の豚足もテイクアウトで提供。豚足を大きな塊の状態で圧力鍋にかけ、トロトロに柔らかく炊いた後、炭火でカリッと表面を炙って香ばしさをプラス。家庭ではなかなか作れない一品なので、テイクアウト需要が高い。さっぱり酢ダレと辛味のアクセントの柚子胡椒で味わう。

Menu Data>>>

■売れ数：10食　■原価率：35〜40%
■購買層：常連客・家族客・単身者
■提供法：受注調理

おうちで「八兵衛」を楽しむ 安定の人気メニュー

焼とり七種盛り合わせ

1280円

全メニューで一番人気なのは、やはり焼とり。デリバリーでの注文も多い。単品でお好みの注文も可能だが、盛り合わせが人気で５種と７種盛りがあり、多い時は約40セットの注文を受ける。写真は7種盛りで、四つ身・骨なし手羽塩・豚バラ・ぼんじり・砂ずり・黒皮・手作りつくね。

Menu Data>>>

■売れ数：40食　■原価率：35〜40%
■購買層：常連客・家族客・単身者
■提供法：受注調理

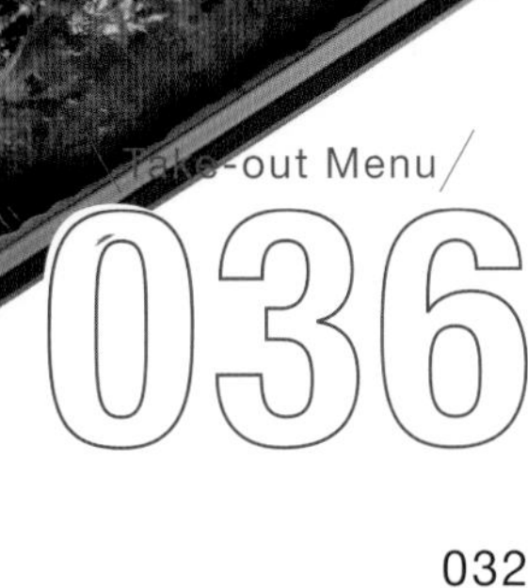

Take-out Menu

036

神奈川・綱島

中華ハナウエ

■住所／神奈川県横浜市港北区綱島西2-6-28
■営業時間／17：00～23：00
■定休日／日曜・月曜日
■客単価／1400円
■テイクアウト客単価／約2000円
■調理／花上正雄・花上雄一

Take-out Menu

037

タンタンメン 800円（※写真は調理例）

店の一番人気メニューであり、昔は出前をやっていたことから常連客の中に自宅でラーメンを食べたいというニーズもあったため商品化。鶏の胴ガラと豚の背ガラを6時間ほど煮たスープをベースに、豚挽き肉、卵、たっぷりのおろしニンニクと韓国唐辛子を入れて仕上げる。麺は、卵入りの中太麺。辛味と旨味が調和し、クセになる味わいだ。

ニンニクの旨味＆唐辛子の辛味がマッチ

Menu Data>>>

■売れ数：平日10～15食／週末30食（カレータンタンメンと合算）
■原価率：25％
■購買層：男性一人客、主婦、カップル等
■提供法：冷凍販売

▶調理ポイントの紹介はP128

商品化にあたり、事前に常連客の協力を得て、冷凍した試作品を自宅で調理して食べてもらい、感想を事細かにヒアリング。それをもとに、餃子を焼く火力や時間、麺のゆで時間などを割り出し、作り方を細かく記載した紙を商品に同封している。

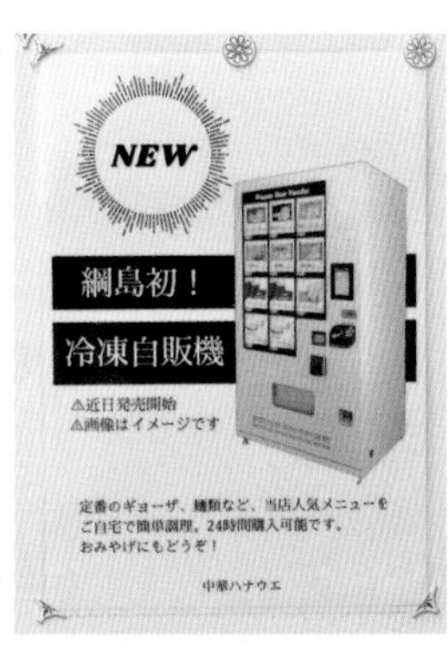

Take-out Menu

038

モチモチ生地に、ジューシーなあんがぎっしり

ぎょうざ（生）16個入り

800円

モチモチの生地に、ニンニクのきいた餡がたっぷり詰まった餃子。餡を包むときに8個ヒダを作るのが特徴で、肉汁をしっかりと閉じ込め、ジューシーな味わいに。1個あたりの量は20gで、食べごたえがあるのも人気の理由。店では1人前6個を提供するが、冷凍販売では16個入りとし、家族みんなで食べられるボリュームに。主婦が夕食のおかずに購入するケースも多い。

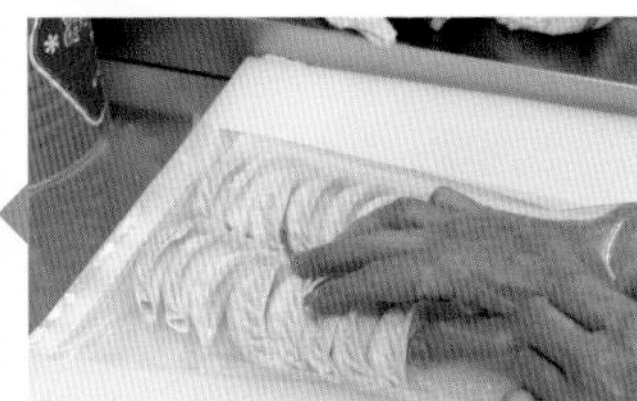

包んだ餃子は、すぐに真空包装機にかけ、急速冷凍。冷凍したのち、透明なパックに入れて販売するので、持ち帰る際にも壊れにくい。

▶調理ポイントの紹介はP130

「ど冷えもん」をきっかけに新規顧客も獲得

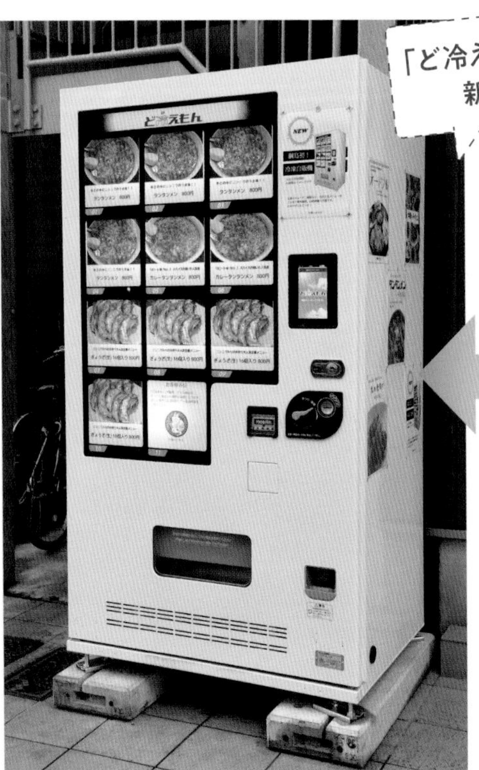

「ど冷えもん」は、店前の敷地に設置。人通りの多い駅前なので、宣伝効果は抜群。販売開始前に「近日発売」というポスターを作って貼っておいたことも、通行人の興味喚起につながった。なお、「ど冷えもん」と真空包装機、急速冷凍庫はリースで使用している。

東急東横線・綱島駅前に1972年に創業した『中華ハナウエ』は、花上正雄氏・雄一氏親子が営む町中華だ。もともとはラーメンを主力商品に営業していたが、2019年9月にリニューアルした際にメニューを増やし、現在は一品料理や定食など約60品を提供している。

2021年6月、自店の料理を販売できる冷凍自販機「ど冷えもん」の存在を知り、すぐ導入を決めた同店。保健所の申請や試作を経て、10月より販売を開始した。商品開発でこだわったのは、店の味をいかに再現するか。そのため、人気商品で自宅でも調理しやすい「タンタンメン」と餃子に絞って販売を開始した。

「ど冷えもん」の導入前は、テイクアウトは受注生産で受けていたため売上の1割程度だったが、導入後は想像以上に反響が大きく、麺類は2ヵ月で600食を販売。「ど冷えもん」をきっかけに来店するお客も多く、新規客の獲得にも貢献している。

作り方を同封し、味の再現性を高める

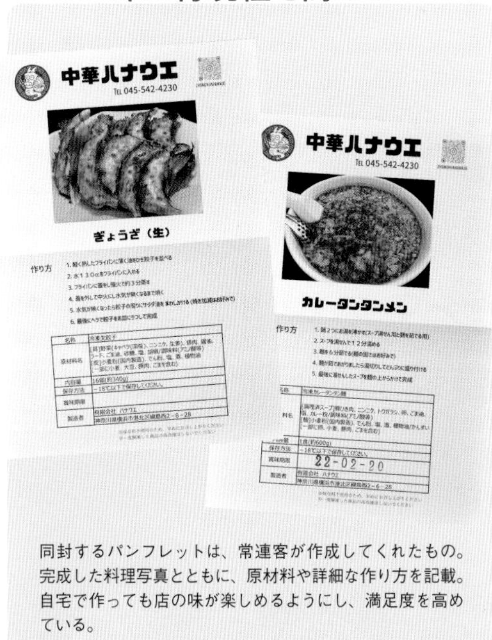

同封するパンフレットは、常連客が作成してくれたもの。完成した料理写真とともに、原材料や詳細な作り方を記載。自宅で作っても店の味が楽しめるようにし、満足度を高めている。

Take-out Menu

039

一番人気のテイクアウトを、冷凍でも販売

チャーハン 1000円

もともとテイクアウトで一番人気があり、お客から冷凍販売の希望も多かったことから、試作を重ねて2022年1月に商品化。具はネギ、ナルト、ハム、卵で、塩、醤油などで調味。オーソドックスな味わいが支持を得ている。餃子やタンタンメンと異なり、お皿に移して電子レンジで温めるだけで食べられる点も好評だ。

Menu Data>>>

■売れ数：10〜20食／日
■原価率：25%
■購買層：男性一人客、主婦、カップルなど
■提供法：冷凍販売

喫茶 ゾウメシ

■住所／愛知県名古屋市西区菊井1-24-13
■営業時間・定休／9：00〜18：00（L.O.17：30）
■定休日／不定休（Instagramで告知）
■規模／26坪・44席
■客単価／1000〜2000円
■テイクアウト客単価／616円
■テイクアウト客数／5〜20人
■経営／㈲ハッピー
■調理／福島千咲

Take-out Menu
040

味噌と玉子を組み合わせた独自性の高いたまごサンド

Menu Data>>>

■売れ数：10〜20個　■原価率：28.5%
■購買層：女性・学生・家族客　■提供法：予約販売・受注調理・宅配

みそ屋のたまごサンド 780円

1人前に愛知産「ランニングエッグ」を3〜4個ほど使用。だしと砂糖でほのかに甘く仕上げた玉子焼きを、サンドイッチ用の厚さにスライスしたパンでサンドする。パンには辛子マヨネーズと肉味噌を塗っており、ほのかに味噌が香る同店らしい名物に仕上げた。丼ものと合わせて購入する人も多い、テイクアウトの一番人気メニューだ。

耳を落とした食パン2枚に辛子マヨネーズを塗り、片方のみに他メニューでも使用している肉味噌も塗る。片面だけにすることで味噌が主張しすぎないよう工夫した。

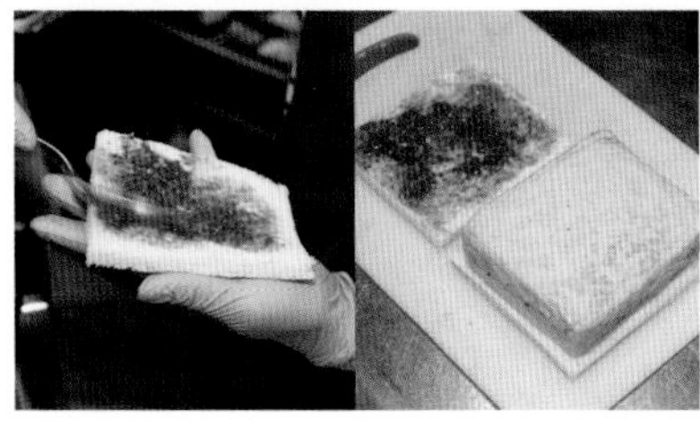

注文が入ってから、あらかじめだしや砂糖を混ぜておいた卵液を使って厚焼き玉子を作る。中まで均等に火を入れ、パンのサイズにぴったりの大きさに焼き上げる技術も見事。

※価格はすべて税抜

\Take-out Menu/

041

低価格で満足度が高い万人受けするシンプル丼

のり玉ごはん　550円

自家製の肉味噌と、国産の焼き海苔を白飯の上にふんだんに盛り、温泉玉子は別添えで提供。全部を混ぜて食べるのが店推奨の食べ方で、甘辛で生姜の風味がほのかに香る肉味噌のクセになる味と、海苔の風味が際立っている。手頃な価格で子どもからお年寄りまで万人受けする味ながら、特に男性からの人気が高い。

Menu Data>>>

■売れ数：5〜10個　■原価率：55.6%
■購買層：男性客・家族客
■提供法：予約販売・受注調理・宅配

愛知県西尾市の老舗味噌蔵・今井醸造が手掛ける『喫茶ゾウメシ』。三代目で代表取締役の今井大輔氏が自社の製品のアンテナショップとしてキッチンカーでフェスやマルシェに出店したのがルーツだ。現在はキッチンカーに加え、西尾市内の本店『ぞうめし屋』を筆頭に、愛知・東京・京都で計4店を展開。4月(2021年)には5店目の開店も決まっている。

元よりキッチンカーで培ったノウハウを活かしたテイクアウトを実施していたため、コロナ禍によって新たに導入したメニューや機器はない。しかしキッチンカー時代から使い続けているフタの外れにくい容器や、片手で持って食べられる商品の提供スタイル、冷めても劣化が少ない味など、〝店ではない場所で食べる〟ことを前提に考えたメニューは、テイクアウトでも魅力を発揮中だ。

2020年5月前半はテイクアウトのみの営業だったが、既存メニューにオリジナルクッキー缶やスイーツなどを加えて、最高で1日18万円以上の売上を達成した。

\Take-out Menu/

042

カラフルさが目を引く 女性人気の高い商品

タコライス 650円

オリジナルの肉味噌とトマトソース、サニーレタス、揚げ野菜を盛り付け、仕上げにパルメザンチーズをかける。丼メニューのごはんの量は1人前約170gで、＋100円で大盛りに。肉味噌やトマトソースなどは本店で作ったものを真空パックにして各店へ配送する。

Menu Data>>>

■売れ数：5～10個
■原価率：32.7%
■購買層：女性客・家族客
■提供法：予約販売・受注調理・宅配

自宅でもアレンジしやすい 肉味噌で店のウリを訴求

箸やフォークには国産の杉を材料にしたものを使用。狙わずも愛らしいロゴが写真映えすると好評。

「お持ち帰り肉みそ」600円（200g）。店の食事メニューのほぼ全てに使用しているオリジナルの「肉みそ」はアレンジしやすい万能アイテム。牛と豚のひき肉を自社の豆味噌、みりん、酒、砂糖、生姜などで炊き上げた、同店メニューの味の要。

BISTRO BONA'PP
ビストロボナップ

■住所／神奈川県鎌倉市大船1-12-18 エミールビル 3F
■営業時間／11：30〜15：00（L.O.13：00）、18：00〜23：00（L.O.21：00）
■定休日／火曜・水曜
■規模／19坪・22席（現在は感染予防対策のため約15席）
■客単価／昼4000円、夜6000円〜1万円
■テイクアウト客単価／5000円
■経営・調理／田口博之

Take-out Menu
043

▶調理ポイントの紹介はP133

フランス惣菜を盛り込んだデリが10種類以上

ごちそうサラダ　1944円

■売れ数：2食〜20食／日
■原価率：40%
■購買層：主婦、在宅ワークの男性客
■提供法：受注調理

ランチの定番メニューで一番人気のサラダを、「ごちそうサラダ」としてテイクアウトでも販売。リーフサラダの上にのるのは、フランスの定番惣菜であるキャロットラペやクスクスのタブレ、キッシュ、季節の野菜を使ったマリネやチョップドサラダなど10種類以上。彩り豊かな見た目の美しさと、色々な味を一度に楽しめるごちそう感が評判だ。2〜3人分のボリュームだが、1人1個注文する常連客も少なくない。

テイクアウト商品は、ほとんどが真空包装した冷凍状態で販売し、サラダのみ受注調理。店名ロゴを入れた自家製のシールを貼ってワンポイントに。

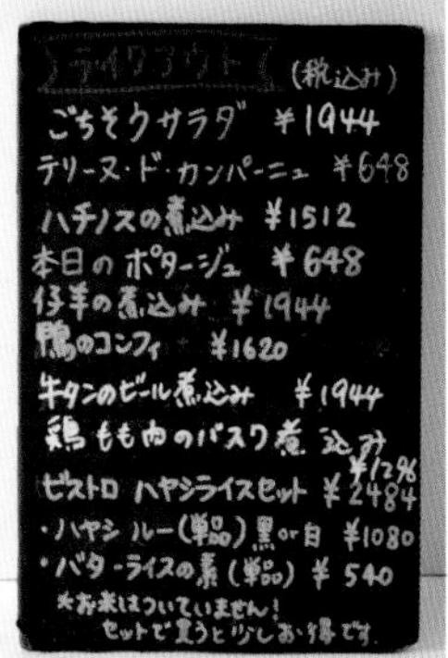

テイクアウトメニューは約10品で、店頭黒板とSNSで告知。仕込み数に限界があるので、基本的に事前予約制としている。

Take-out Menu

044

Menu Data>>>

■売れ数：2〜3食／日
■原価率：40%
■購買層：ファミリー層
■提供法：真空冷凍

Take-out Menu

045

▶調理ポイントの紹介はP131

子供と楽しめるフランス料理を。カラーバリエーションで選ぶ楽しさも

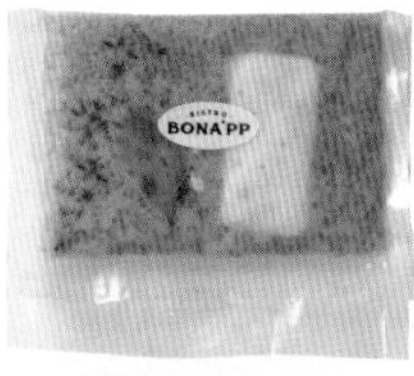

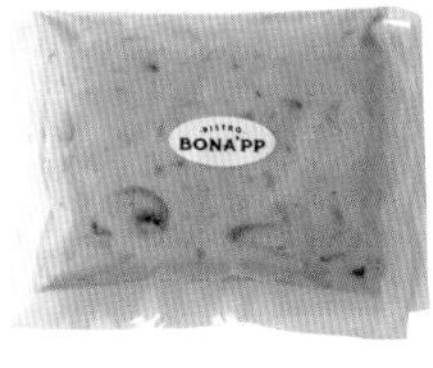

ハヤシライスとバターライスの素はまとめて仕込んで真空包装し、冷凍で販売。店の営業をしながら無理なくテイクアウトを続けられるようにしている。

ビストロハヤシライスセット 2484円

ハヤシルー単品（黒・白）各1080円 バターライスの素540円

テイクアウトはテリーヌやサラダなど大人向けの料理が中心だったため、子供のいる家庭向けに開発。子供と一緒に食べられるメニューを用意したことで、客単価のアップにもつながった。薄切りの牛肉をデミグラスソースやフォン・ド・ボーなどで煮込む「黒」と、鶏肉やマッシュルーム、トマトを白ワインや生クリームで煮込んだ「白」の2種類を用意し、選べる楽しさも魅力に。自宅の炊飯器でバターライスが作れる「バターライスの素」もセットで販売し、専門性を高めている。

本格的なフランス料理をカジュアルに楽しめると評判の『ビストロ ボナップ』。2017年10月の開業以来、着実に地元で愛され、予約で埋まる日も多い人気店だ。2020年4月、緊急事態宣言下で通常営業と並行して始めたテイクアウトは、開始早々に予想以上の注文があったため、1週間後にテイクアウトのみに専念。現在は、通常営業のかたわら予約制で販売を続けている。

一番人気は、10種類以上の具材が入った「ごちそうサラダ」。「店内飲食が厳しい時期も、契約農家からの仕入れをストップせずにテイクアウトとして販売できたのでよかったです。また、持ち帰り用のアレンジを考えることで、メニューのバリエーションも広がりました」とオーナーシェフの田口博之氏。また、ランチは女性客が9割を占めていたが、テイクアウトをきっかけに新規客が増え、客層も広がった。いずれは通販も視野に入れているという。

家で食べることを想定した配慮の数々

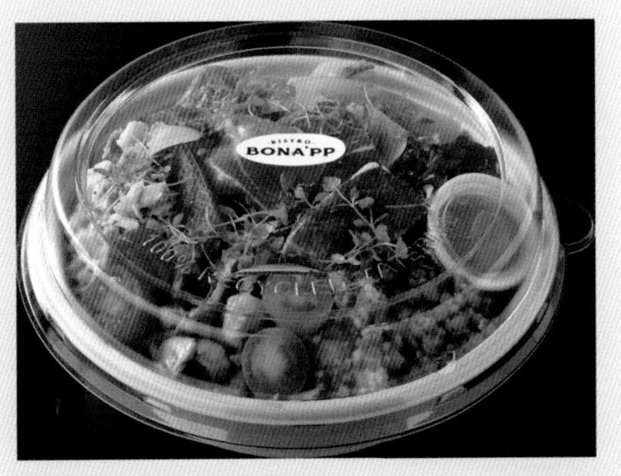

サラダにはレンズ豆や赤キャベツ、トレビスなど、家ではあまり使わないような洋野菜を盛り込み、非日常感を。また店内で提供する場合、魚のマリネや肉惣菜などを入れることも多いが、テイクアウトではお客がいつ食べるか、食べるまでどのように保管されるかがわからないため、安全性と日持ちを考えて入れていない。
さらにレストランでは対面で食材の好みをお客に尋ねられるが、テイクアウトでは難しいため、苦手な人が多そうな食材（ブルーチーズ、レバームースなど）はできるだけ使わないよう配慮している。別添するビネグレットソースは、エシャロット、ニンニク、シェリービネガー、クルミオイルなどで作る自家製で、家庭では味わえないプロの味が喜ばれている。

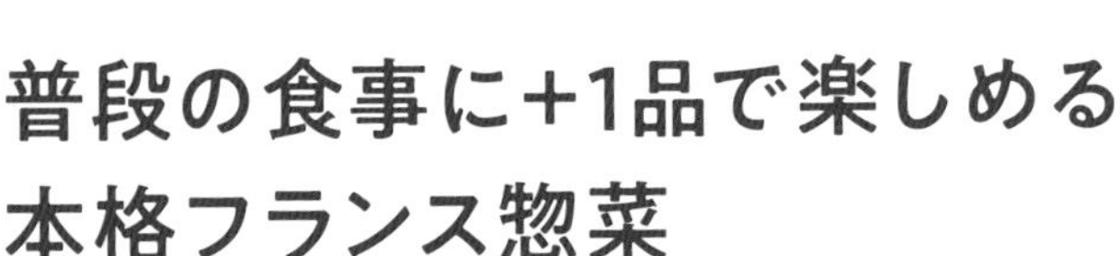

普段の食事に+1品で楽しめる 本格フランス惣菜

テリーヌ・ド・カンパーニュ

648円

豚の肩肉やノド、鶏の白レバー、ハツを使った田舎風パテは、ワインのつまみやパンのおともとして人気。豚肉はポルト酒やブランデー、スパイスなどでマリネしてからミンチにし、網脂で包んで湯煎焼きに。1皿分ずつ真空包装し、店で味わうのと同じ品質をテイクアウトできるようにした。同様に煮込み系の料理も、店内で提供するのと同様に仕込んだものを真空包装し、従来のオペレーションの中で無理なくテイクアウト販売ができるようにしている。

Menu Data>>>

■売れ数：20食／月　■原価率：28%
■購買層：常連客　■提供法：真空冷凍

Take-out Menu
046

うわのそら

■住所／福岡県福岡市中央区警固1-9-2 MODERNPALAZZO KEGO SUN 1階
■営業時間／17：00〜23：00（日祝日は〜22：00）、土日祝日のみ11：30〜15：00も営業
■定休日／月曜
■規模／14坪・14席
■客単価／12000〜13000円
■テイクアウト客単価／4000円
■テイクアウト客数／10〜15人
■経営／(有)とどろき酒店
■調理／田畑祐樹

Take-out Menu
047

外食気分を楽しむ お酒のために作られたお重

その日仕込んだものを一度冷まして、ギュウギュウに詰めるのがポイント。振っても動かないようしっかり固定。

うわのそらの肴盛り　4320円

2人前の酒の肴を野菜・肉・魚をバランス良く10品、豪華に盛り合わせる。冷製スープもセット。合鴨の炙りには山葵あん、雲丹を塗って焼く鰆、塩麹に漬け込んだ豆腐にイカの身を練って蒸した烏賊豆腐、炙った生カラスミなど、ごはんものはあえて付けずに、お酒をじっくり楽しむ内容に。メニューを見ながら、お酒を選ぶのも楽しいとの声も。

Menu Data>>>
■売れ数：10食
■原価率：40%
■購買層：常連客・中高年・日本酒好き
■提供法：受注調理

Take-out Menu

048

つまみにも、シメご飯にも、冷めても美味な炊き込み飯

蟹と雲丹のご飯　2376円

土鍋で炊くごはんを一合分で販売。熊本産の減農薬米を使用し、季節ものも含め4種類を用意する。写真は定番で一番人気。ズワイガニの身と米を出汁で炊き、長崎の塩ウニをトッピングして、三つ葉を散らす。カニの旨味とウニの塩気が口一杯に広がり、お酒のつまみにも、締めのごはんにも。他、「炙り鮭といくらご飯」「金目鯛ご飯」などを揃える。

Menu Data>>>

■売れ数：3～5食　■原価率：40%
■購買層：常連客・中高年・日本酒好き
■提供法：受注調理

福岡の酒屋「とどろき酒店」が経営する居酒屋は、日本酒好きが多く集まる店。毎年年末にはおせちを手掛け、そのノウハウを生かした持ち帰りメニューの販売を2020年4月から開始した。コロナ禍で店に食べに来れなくても、自宅でコース料理を楽しんでもらえるようにと、その月の献立を詰め込んだお重と弁当に加え、土鍋ごはんやおつまみ各種を予約で受付。毎月内容が変わり、月に複数回の利用の場合は内容をアレンジするなどリピーターへの細かなケアも忘れない。テイクアウトから店内利用に繋がったケースもある。

献立の特徴は、お酒に合う料理。弁当は「酒弁」、お重は「肴盛り」と名付けて販売。味付けはしっかり目で、旬の素材に手を掛け、鮮やかなソースの色合いも目を惹く。器に盛り変えて外食気分を楽しんだり、写真を撮ってSNSにアップするお客も多い。特に週末の自宅飲みでの需要にマッチし、平均4000円の高単価での販売に繋がった。現在は移転し、テイクアウトは休止中。

1人前の弁当をつまみに
おうち晩酌がすすむ「酒弁」

うわのそらの酒弁　2700円

「酒弁」というキャッチーなネーミングの弁当。定番のもの以外はお重とは献立の内容を変えているため、両方購入するお客も多い。柔らかく煮た牛ほほ肉は炭火で炙って椎茸ソースで、あおさと帆立を合わせた揚げ真丈、菜の花と蟹は山椒醤油で合え、ごはんは筍としらすを土鍋で炊いた俵型のおむすび。どれも手を掛け、お酒がすすむ一品を揃えている。

Me…

■売れ数：10食
■原価率：40%
■購買層：常連客・中高年・日本酒好き
■提供法：受注調理

Take-out Menu

049

名刺代わりのスープをカップで提供

店内のコースの最初に必ず出す冷製スープもカップに入れて、弁当やお重に付ける。写真は「新牛蒡のすり流し」。弁当とお重を一緒に購入した場合などには、スープを「うわのそらサラダ」（写真右）に変更して提供することも。

愛知・名古屋

トラットリア　フラテッリ

Trattoria Fratelli

ガッルーラ

Gallura

大名古屋ビルヂング店

■住所／愛知県名古屋市中村区名駅3-28-12 大名古屋ビルヂング3F
■営業時間／11:00～15:00（L.O.14:00）、17:00～22:00（L.O.21:00）
■定休日／ビル休館日に準ず
■規模／27坪・30席
■客単価／7000円
■テイクアウト客単価／5000～8000円
■テイクアウト客数／5～10人
■経営／㈱ガッルーラ
■調理／田中伸幸

Take-out Menu

050

Menu Data>>>

■売れ数：5～10食
■原価率：38%
■購買層：女性・家族客など
■提供法：店頭販売・宅配・通販

シェフのスペシャリテを テイクアウトや通販商品に

愛知県産段戸山高原牛ボロネーゼ　1200円

“地の食材”を大切にしており、ボロネーゼソースはシェフが産地に行き、素材に満足して使用している「段戸山高原牛」をメインに使用。田中シェフはイタリア・ピエモンテ州での修業経験があり、ラグーが得意。冷凍でも味の評判は高い。自宅での作り方動画をインスタグラムでも配信している。同ソースはテイクアウトや通販メニューにある「段戸山高原牛のラザニア」にも使用。

（※店頭テイクアウトは黒胡椒付き、通販はなし）

Menu Data>>>
■売れ数：5~10食
■原価率：38%
■購買層：近隣会社員・主婦客など
■提供法：受注調理・宅配

ソースの水分量を増やし 時間が経っても味をキープ

＼Take-out Menu／
051

イカ墨を練り込んだシャラテッリ 手長海老と三河産魚介のトマトソース 2500円

イカ墨を練り込んだパスタ（シャラテッリ）と、カニ、エビ、イカ、ホタテ、アサリ、スズキを使用したトマトソースを合わせ、ソテーした手長エビがインパクトある一品。通常よりソースの量を増やして時間が経ってもおいしさを保持。トマト缶を煮詰めて漉したシンプルなトマトソースを少量使用し、魚介の旨みを全面に出した仕上がりに。

初代の店のレシピを復刻 テイクアウト限定ドルチェ

「カタラーナ」700円。本店が現在の場所に移転する前の初代店で提供していたカタラーナを、復刻してテイクアウト・通販のみで販売。一気に仕込み冷凍保存ができるのも復刻理由のひとつ。パスタソース同様、冷凍状態で販売する。

※価格はすべて税抜

人気の前菜を含むセットは客単価アップにも貢献

湯煎用・レシピ付きのパスタソースは4種類を用意。具や粉チーズ等も添えることで、お客は自分好みのパスタを用意するだけで店の味が楽しめる。

パスタセット　+1000円

パスタ代金に＋1000円することで、前菜の一番人気商品「フォアグラとマグレ鴨のお花のサラダ」（単品1000円）のポーション減バージョンと、自家製フォカッチャと人気店『バゲットラビット』のブールがセットに。店の名物である“フレッシュフォアグラ”を使用。

Menu Data>>>

- ■売れ数：10～20食
- ■原価率：38%
- ■購買層：近隣会社員・主婦客など
- ■提供法：受注調理・宅配

Take-out Menu

052

「東日本大震災時から危機感を持ち、様々なジャンルのテイクアウトやお取り寄せをしながら構想を膨らませていた」と話す㈱ガッルーラの森岡賢一氏。コロナ禍で名駅エリアの中心に展開する『トラットリア フラテッリ ガッルーラ』も影響は大きく、その構想を実現するべく試作を開始。パスタのゆで時間やソースの水分量を少しずつ変えるなど、同店シェフ・田中伸幸氏と地道な努力を重ねてメニューが完成した。内容は店内飲食と同じ月替わりにすることでお客を飽きさせず、食材ロスや仕込みの軽減にも繋げた。

また、既存の真空パック機を用い、冷凍パスタソースのテイクアウトや通販も開始。このパスタソースのセットを5周年イベントの目玉に据え、3月1日（2021年）より発売もスタートしている。

さらに、営業に影響が少ない時のみのデリバリーサービスの受け入れや、スタッフがチラシデザインを共有ができる「CANVA」の利用開始など、現場の臨機応変な作業を可能にする環境も整えている。

大喜楼
たまプラーザ本店

■住所／神奈川県横浜市青葉区美しが丘2-17-5 ROOF125 1F
■営業時間／11：00〜23：00
■定休日／無休
■規模／43坪・62席
■客単価／約4000円
■テイクアウト客単価／約1000円
■テイクアウト客数／平日30〜40人　土日祝70〜80人
■経営／㈱プレジャーカンパニー
■調理／中村聡志

人気中華と炒飯のセットが好評！本格&オリジナルの味

（写真上）麻婆弁当　850円　（写真下）海老チリ弁当　850円

昼時を中心に店頭に並べて販売する中華弁当。海老チリや麻婆豆腐などの人気中華と、自家製チャーシューを使った炒飯のセットが好評を博している。揚げ春巻きと浅漬けの「緑色ザーサイ」も付く。有名中華料理店出身の調理スタッフも在籍する同店の料理は、本格的な味わいで独自の工夫もプラス。海老チリはオマール海老の頭を使っただしをソースに加えて旨みを強め、麻婆豆腐は鶏白湯スープを用いてマイルドさや濃厚なコクを出しながら、自家製ラー油や花椒（ホアジャオ）の辛みを利かせている。

しっとりジューシーでサクサク！

油林鶏　500円

本格中華をサービス価格で販売するアルカルト商品も店頭に並べる。「油林鶏」は、途中で肉を休ませる二度揚げで鶏肉をしっとりとジューシーに仕上げ、衣は炭酸を使ってサクサクにしている。ソースもタイ料理などに使われるシーズニングソースを隠し味的に使い、ひと味違ったおいしさを工夫している。

Take-out Menu

055

Menu Data>>>

■売れ数：5〜10食
■原価率：33%
■購買層：女性客・家族客
■提供法：店頭販売

Take-out Menu

056

セパレート容器でパリっと焼いた麺&具だくさんの餡

海鮮五目餡かけ焼きそば　850円

上下セパレートの容器を使い、パリっと焼いた中華麺の食感も楽しんでもらう。ホタテ、エビ、豚肉、アスパラガス、シメジ、マコモダケ、ヤングコーン、白菜、キクラゲと、多彩な具材を使ったおいしさが好評だ。餡のとろみは時間が経つと緩むため、通常より強めにする。

Menu Data>>>

■売れ数：10〜16食　■原価率：39%
■購買層：中高年客・家族客　■提供法：店頭販売

『アジアンビストロ Dai』を主力に、『ワインビストロ Dai パスタ&グリル』や『炭焼き 大』(19Pで紹介)などを展開する㈱プレジャーカンパニーが、2020年9月に出店した中華レストラン業態。中華×ワインをコンセプトにし、点心師が作る小籠包や春巻きも売りにしている。

テイクアウト商品については、「家に持ち帰って食べてもおいしく味わってもらえるように、調理の微調整を行なっています」とシェフの中村聡志氏は話す。例えば、野菜の炒め料理は、時間が経つと野菜から水分が出て全体の味が薄くなるため、それを計算して味付けを少し濃くするなどの調整を行なっているのだ。

オープンから間もない時は、地域の人たちに認知してもらうのに少し時間はかかったものの、こうしたテイクアウト商品ならではのおいしさの追求や、満足感の高い中華弁当の開発などで、日に日にリピート購入が増加。オープン当初よりもテイクアウトの売上を伸ばした。なお、現在(2022年3月)は掲載したメニューでのテイクアウトは行なっておらず、グランドメニューから選んでもらう形でテイクアウトに対応している。

黒板やPOPで訴求力をアップ

店頭のスペースを活用し、テイクアウトコーナーを設置。黒板やPOPを使って訴求力を高めている。取材時は、蒸し器に入れた熱々の「肉まん」も店頭で販売。

\Take-out Menu/

057

定番と創作!ともに点心師のこだわりが詰まった逸品

揚げ春巻き2種盛り合わせ 500円

「筍と椎茸」と「雲丹入り海鮮クリーム」の揚げ春巻き。「筍と椎茸」はタケノコのシャキシャキの食感を魅力にしながら干椎茸の旨みもプラス。「雲丹入り海鮮クリーム」はウニクリームがクセになる味で、具のエビやカニでさらにおいしく仕上げている。

Menu Data>>>

■売れ数3～7食
■原価率:33%
■購買層:家族客・単身者
■提供法:店頭販売

OH! BENTO NEW SMILE

ニュースマイル

■住所／福岡県福岡市中央区薬院2-19-1
■営業時間／11：00〜20：00（WEB注文10：00〜19：30）
■定休日／月曜
■規模／11坪
■テイクアウト客単価／単身690円〜、ファミリー3000円〜
■テイクアウト客数／平日80名〜、週末100名〜
■調理／松山隆浩

Take-out Menu

058

売れ筋の定番弁当は スピード重視で作り置き

NORI-BEN のり弁　750円

弁当の定番「のり弁」は、毎日20個限定で作り置きして販売する。炭火焼きの分厚い鮭をメインに、唐揚げや玉子焼きなどボリュームのある内容だ。昼にパッと買えるよう店頭に並べ、売り切れ次第終了。同じく「今日のスペシャル弁当」「からあげ弁当」も各20個、売れ筋のものを作り置きにすることで、他の受注生産するメニューと切り分ける。

Menu Data>>>

■売れ数：20食
■原価率：40%
■購買層：ビジネス利用、常連客
■提供法：店頭販売

TAMA-BEN えらべるおかずのタマゴ弁当 ハンバーグ・チキン南蛮 740円

「タマゴ弁当」はおかずを選ぶ完全受注制。15種類のおかずから2品を選べる。一番人気の組み合わせがハンバーグとチキン南蛮。デミグラス、トマト、タルタルなどソースも多用し、おかずとごはんの間に薄焼き玉子を敷いて、ソースが染みない工夫をしている。

▶調理ポイントの紹介はP134

Menu Data>>>

- ■売れ数：120食
- ■原価率：40%
- ■購買層：ビジネス利用、常連客
- ■提供法：受注調理

120食売る断トツ人気は、おかずが選べるお弁当

▶調理ポイントの紹介はP134

TAMA-BEN えらべるおかずのタマゴ弁当 ビーフステーキ・スチームベジタブル 740円+ステーキ価格250円

選べるおかずはバラエティ豊か。ステーキやヤキニク、ポークジンジャー、白身フライ、チリコンカルネなど肉・魚・野菜、どれもをごはんのおかずになる味付けにしている。写真はサガリのステーキとドレッシングで合えたスチームベジタブル。

Take-out Menu
061

洋食のノウハウを生かした 子どもにも人気の一品

▶調理ポイントの紹介はP135

OMLETTE-RICE デミグラスソースのオムライス　700円

洋食店時代からの人気メニュー「オムライス」は常連客からの支持が厚い。また、夕方からはファミリー層の需要も高く、子ども用に購入していくお客も多いため、デミグラスソースはケチャップに変更することもできる。「ナポリタン」と並ぶ老若男女に愛される洋食メニューだ。

Menu Data>>>
- ■売れ数：15食
- ■原価率：25%
- ■購買層：洋食時代の常連客、ファミリー
- ■提供法：受注調理

洋食の定食を提供していた『ニュースマイル』が10周年を迎えたことをきっかけに、2020年11月に弁当店としてリニューアルした。

「コロナ禍でテイクアウトをはじめて、反響の大きさに驚きました。これまでの洋食店の雰囲気を残しながら、新たなスタイルで再出発することにしたんです」と店主の松山隆浩氏。作り置きと受注販売のメニューを織り交ぜ、その場でパッと買える弁当、注文ごとに出来立てを提供する弁当、2つの軸で多様なニーズに対応し、1日平均170食を売る。洋食店時代から人気のメニューや、ごはんの上に薄焼き玉子を敷いた「タマゴ弁当」もこの店ならでは。仕込みを十分行ない、効率よく、味に妥協なしのオペレーションを図る。

「キッチンを広くして大量注文にも対応しています」と松山氏。3日で1100食という大規模な受注も生まれ、着実に売上を伸ばしている。2021年11月からはイートインメニューもスタート。

組み合わせは200通り！

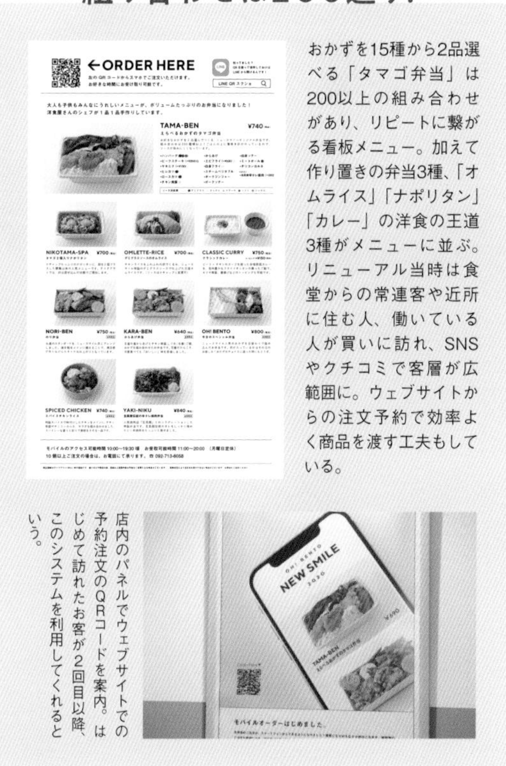

おかずを15種から2品選べる「タマゴ弁当」は200以上の組み合わせがあり、リピートに繋がる看板メニュー。加えて作り置きの弁当3種、「オムライス」「ナポリタン」「カレー」の洋食の王道3種がメニューに並ぶ。リニューアル当時は食堂からの常連客や近所に住む人、働いている人が買いに訪れ、SNSやクチコミで客層が広範囲に。ウェブサイトからの注文予約で効率よく商品を渡す工夫もしている。

店内のパネルでウェブサイトでの予約注文のQRコードを案内。はじめて訪れたお客が2回目以降、このシステムを利用してくれるという。

愛知・名古屋

La Grande Table de KITAMURA
(ラ グラン ターブル ドゥ キタムラ)

■住所／愛知県名古屋市東区主税町4-84
■営業時間／11:00～15:00（L.O.13:00）、17:30～22:00（L.O.20:00）
■定休日／不定休
■規模／約60坪・60席
■客単価／昼6000円、夜2万円
■テイクアウト客単価／1万5000円
■テイクアウト客数／5～10人
■経営／㈱キタムラコーポレーション・アン
■調理／北村竜二

スペシャリテを詰め込みハレの日需要を獲得

<料理内容> ※内容は日替わり
●百合根のムースキャビア添え
●カニのアスピック
●クワイのコンソメ煮
●ほおずきトマト
●すだちとアボカドのシャンティうに添え
●キャベツで包んだマグロ
●ほうれん草で包んだサーモン
●ホワイトアスパラ
●オマール海老、金目鯛、鯛、ホタテ、タコ
●和牛ロースと鴨のロースト
●金柑

Menu Data>>>
■売れ数：12食（5月）■原価率：50％ ■購買層：家族客・法人 ■提供法：予約販売

オードブルセット　1万3000円（2名用）

ひと目で品数や食材の魅力を訴求してハレの日利用を獲得。毎年のクリスマスオードブルやおせちのノウハウを活かした一品だ。日常に彩りを添えたいというシェフの思いから、試作を重ねて完成した。スペシャリテであるオマール海老料理やローストビーフをメインに、旬の魚介や野菜などを使った料理を盛り込む。食べやすく大きさや形を揃えつつ、それぞれの色彩やテクスチャの繊細さも感動を呼ぶ。

Take-out Menu 062

※価格はすべて税抜

名古屋フレンチ界を牽引する北村竜二氏が「レストランは劇場」という思いを料理で具現化し、腕を振るう『ラ・グランターブル ドゥ キタムラ』。そんな名店であってもコロナ禍により2020年4～5月は売上が約5割減に。そこで同店が取り組んだのが、毎年のクリスマスオードブルやおせちのノウハウを活かし、店で食べるのと変わらぬ味や品数、感動をお客へ提供するための〝キタムラらしい〟テイクアウトメニューづくりだ。

ひと月ほど試作を重ねて完成させた弁当とオードブルセットは、サービススタッフによる常連客へ一通ずつ送るメールや、近隣住民へのチラシのポスティング、SNSなどで地道に告知を続けたところ、口コミで評判が拡散。さらに「タクシー宅配サービス」のいち早い導入やハイエンド店のテイクアウトメニューという部分でも注目され、地元メディアでの紹介が続いたことから注文が急増。繁忙時は1日100個以上・50～60万円を売り、落ち込んだ売上の底上げにひと役買った。

店内飲食に訪れたお客への案内として、入口には写真付きで分かりやすいテイクアウトメニュー紹介のボードを設置。店内飲食では、時短営業の要請に合わせた通し営業や、ショートコースを用意するなど柔軟な対応をしている。

繊細で華やかな盛り付けは北村氏ならでは。調理から盛り付けまで全てに同氏が携わり、厳しく最終チェックを行なう。

前菜からデザートまでコースを思わせるひと折

\Take-out Menu/
063

フレンチ弁当
3500円

和牛のローストビーフや魚介のメイン料理（取材時は鯛、メゴチ、サーモンなど）、前菜やスイーツを盛り込み、コース料理をイメージした豪華弁当。ブイヨンで炊き上げたライスの上にはソテーした椎茸を散りばめる。内容は日替わりで、季節の食材や店内で提供するのと同じ食材を有効利用しながら、「食材を無駄なく使うロスのない商品づくり」を実現。

鶏の手羽元を2時間かけて煮込み、雑味なく仕上げた透き通るブイヨンとローリエでライスを炊き上げる。

■売れ数：5～10食、繁忙時100個
■原価率：50%
■購買層：近隣企業・家族客
■提供法：予約販売

フードスタンド　マガリ

■住所／神奈川県鎌倉市御成町9-34 コンフォールタカサキビル1F
■営業時間／7：00～21：00
■定休日／水曜
■規模／7.5坪・9席＋ウッドデッキ
■客単価／1500円
■テイクアウト客単価／2000円（デリバリー2500円）
■テイクアウト客数／30～40人（デリバリー3～4件）
■シフト人数／2人（厨房・ホール兼任）
■経営者／吉田将崇　■調理／吉田みどり

パンも具も自家製。野菜たっぷりの内容がランチで人気

Take-out Menu 064

週替わりサンドイッチＢＯＸ　1050円

自家製フォカッチャをはじめ、ハムやローストチキンなど具材もすべて手作りにこだわったサンドイッチ。写真は「スモークチキンとオレンジ入りコールスローのサンドイッチ」と、キャロットラペ、白いんげん豆のマリネのセット。自家製のスモークチキンに、無農薬オレンジの香りをきかせた野菜をたっぷり挟んでいる。ボリュームがあることから男性客にも好評だ。単品８３０円でも販売するが、デリ2品の付くＢＯＸでの注文が多い。

Menu Data>>>
■売れ数：10～15食
■原価率：35％
■購買層：30～50代男性客・主婦客
■提供法：受注調理

鎌倉駅西口の路地裏に、オーナーの吉田将崇・みどり夫妻が2016年5月に開業。手づくりにこだわったサンドイッチとデリ、コーヒーを看板商品に朝7時から営業し、モーニングが人気のカフェとして地元住民に愛されている。

コロナの影響でテイクアウトが増えたのをきっかけに、2020年10月に店舗を全面改装。以前は1坪強だった厨房を大幅に拡張し、冷蔵のショーケースを導入するなど、テイクアウトを強化した。現在は、テイクアウトとデリバリーが売上の半数を占めている。商品は約20品で、フランス料理店で経験を積んだみどり氏が調理を担当。人気は日替わりのサンドイッチとキッシュ、ラザニアなど。ドーナツやクッキーなどのお菓子も揃え、日常使いの店づくりを打ち出している。

また同店では、2019年末からデリバリーも対応（2000円以上で無料配送）。コロナ禍で注文が増加したため、配送用のスクーターを購入。近隣にウーバーイーツが来ないエリアもあるため喜ばれており、リピーターも増えている。

フレンチの技を活かした本格的な味を週替わりで

週替わりキッシュBOX　820円

季節の野菜をふんだんに用いたキッシュは、サンドイッチと並ぶ看板商品。写真は、毎年定番人気の「ブロッコリーと自家製ツナと新じゃがのキッシュ」。商品づくりのポイントは、見栄えよく高さを出して焼き上げることと、具材をたっぷり入れて腹持ちがよく仕上げること。付け合わせのデリは、2色のニンジンを使ったクミン風味のキャロットラペと押し麦のサラダ。

Menu Data>>>
- ■売れ数：10〜15食
- ■原価率：35%
- ■購買層：子育て世代の主婦
- ■提供法：受注調理

すべて自家製の美味しさとボリュームで男性に人気

ホットドッグ　780円

自家製のコッペパンを使ったホットドッグは、モーニングでも人気の1品で、男性客の注文が多い。具のソーセージは、国産豚にハーブやスパイスを加えて作る自家製で、肉の旨味を活かして子どもでも食べやすい味に仕立てている。約100gと食べごたえも満点だ。トマトソースとマスタードをぬり、上には赤玉ネギのピクルスをのせて酸味のアクセントを添え、見栄えよく仕立てている。

Menu Data>>>
- ■売れ数：10～15食
- ■原価率：35%
- ■購買層：30～50代男性客
- ■提供法：受注調理

冷蔵で販売するデリや、調味料などの物販も好調

冷蔵ケースの導入により、テイクアウト商品の幅が広がった。また、店内に物販スペース（写真左）を設け、「1000円以下で購入できる身体にいいもの」をコンセプトに、みどり氏の出身地である喜界島の調味料や食材、国産ハチミツやオーツミルクなどを販売。売上の1割弱を占めている。

二〇加屋長介 薬院本店

■住所／福岡県福岡市中央区薬院3-7-1
■営業時間／16：00〜1：00（L.O.24：00）
■定休日／火曜定休・水曜不定
■規模／約13.6坪・18席
■客単価／3500円
■テイクアウト客単価／1000円
■テイクアウト客数／40人
■経営／㈱New Order
■調理／平野孝宗

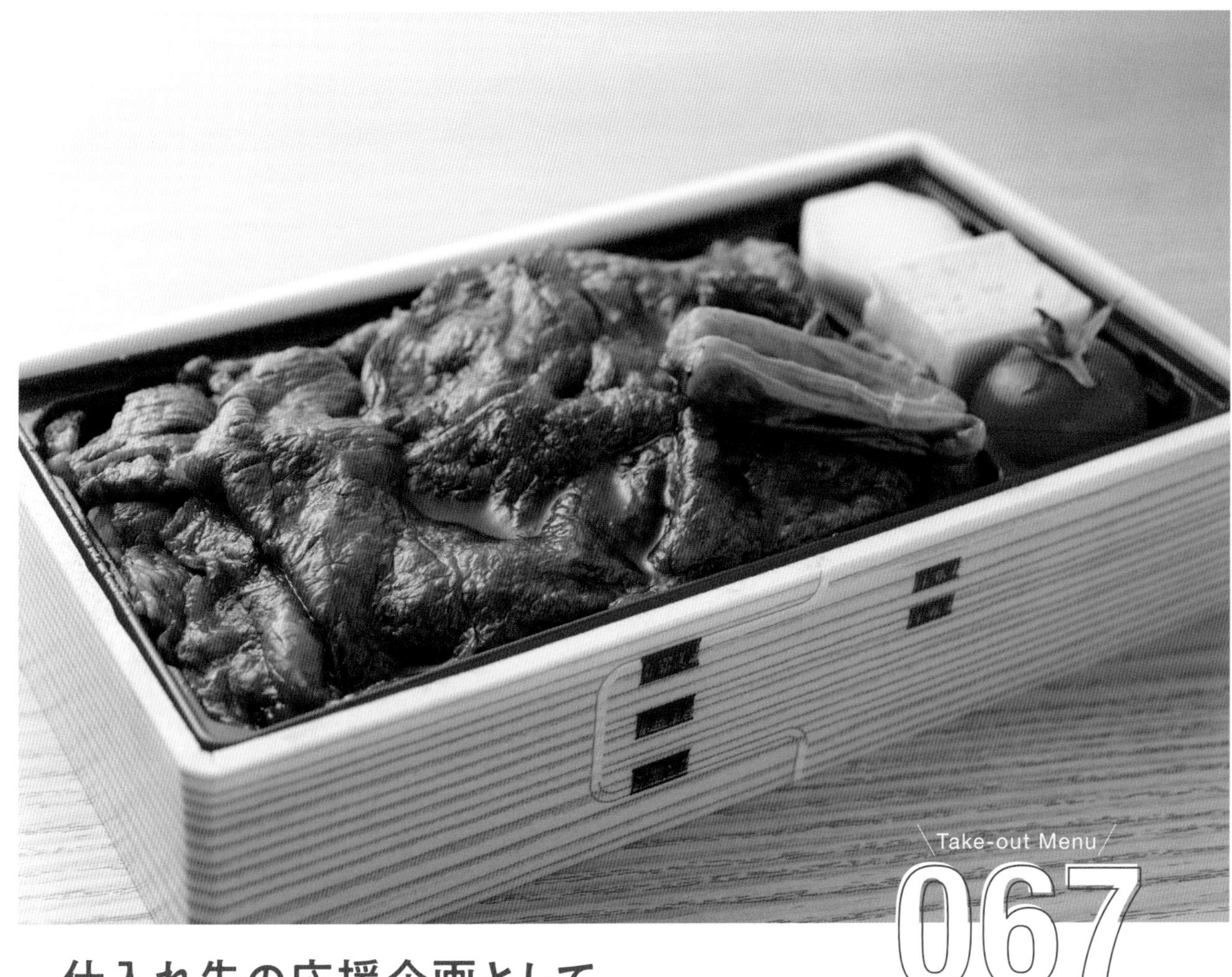

Take-out Menu 067

仕入れ先の応援企画として 極上和牛弁当を原価で販売

和牛すきやき重　1000円（火曜以外提供）

鹿児島や佐賀県産の和牛肉を贅沢に使用。大判の肩ロースをたっぷり100g、甘辛く煮たすき煮で、下に敷いた白ごはんとの相性は抜群。この弁当に限り、原価のままの売値で販売する大盤振る舞いで、まずはこれを食べて、その満足度の高さに他の弁当をコンプリートするお客も。博多駅店でもお客からの要望があり、毎日10食販売し、完売が続いた。

Menu Data>>>
■売れ数：20食
■原価率：100%
■購買層：常連客・SNSフォロワー
■提供法：予約販売・店頭販売

Take-out Menu

068

お馴じみの弁当も素材にこだわり ボリューム重視

特シャケのり弁当

1000円（水曜・土曜）

原価140円の厚切りのシャケ、20円の海苔、ごはんにまぶした鰹節は本枯れ節など、馴じみのある鮭弁当で「本物の美味しさ」を重視。居酒屋メニューで人気の雲仙ハムカツや自家製明太子、ちくわの磯辺揚げ、玉子焼き、きんぴらなど、ごはんが隠れるほどおかずをぎっしり詰めたボリューム感もポイントだ。

Menu Data>>>

■売れ数：20食　■原価率：55%
■購買層：常連客・SNSフォロワー
■提供法：予約販売・店頭販売

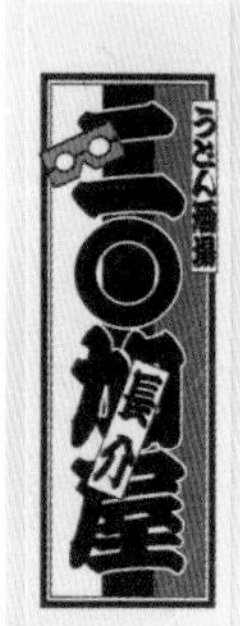

ホームページやインスタなどのSNSを活用して告知。メディアに取り上げられるなど反響が大きく、コロナ禍で足が遠のいていた常連客が弁当を買いに来ることも多々あった。弁当ひとつに、千社札風のステッカーを1枚プレゼントする販促も好評を得た。

福岡発であり、今では東京やパリにも店舗を構えるうどん居酒屋だが、２０２１年１月の緊急事態宣言を受け、テイクアウトを初めて手掛けることに。その際の目標が「懇意にしている肉・魚・野菜の仕入れ先から、前年と同じだけの食材を仕入れること」である。応援企画としてスタートし、４種の弁当をまずは原価で販売。２月に自粛期間が延びたことから、利益を得て継続させるため「千円弁当」として再リリースし、日替わりで2種を20食ずつ、宣言解除まで販売を続けてきた。（現在は販売終了）

仕込みに無駄を持たせず、無理なく食材を使い切ることを前提に、多くの候補の中から「効率」「売れること」「業者支援」のバランスを考えて4種類に絞ったという。

今回のテイクアウト実施での収穫は、従業員の経験値が増えたこと、ＳＮＳで告知した際にインスタのフォロワー数が約８００人増加したこと。応援が応援を呼ぶ形で支持を集め、完売が続き、前年と変わらぬ仕入れ高も達成した。

本格派、トロトロ豚バラの中華弁当も連日完売

中華角煮重　1000円（月曜・金曜）

店長が中国料理の経験があることから、中華弁当もラインナップ。超肉厚な豚バラ肉をトロトロになるまで煮込み、八角を効かせた本格的な角煮に仕上げ、塊のまま2個280gを豪快に盛り、自家製のザーサイを添える。前日に仕込み、当日のオペレーションを簡素化しつつ、味もしっかり染み込ませている。

Menu Data>>>
■売れ数：20食
■原価率：80%
■購買層：常連客・SNSフォロワー
■提供法：予約販売・店頭販売

本マグロも盛り込み上質な鮮魚を楽しませる

まぐろバラちらし　1000円（木曜・日曜）

鮮魚店から安定した仕入れを実現するために生まれたメニュー。本マグロ、イクラ、イカ、帆立、煮穴子、玉子焼き、きゅうりが彩りよく盛られたちらしずし。すし飯には椎茸の佃煮をアクセントに効かせる。それぞれ素材が小さくカットされているため、箸でも食べやすい。さっぱり酢ゴボウとガリを添えて。

Menu Data>>>
■売れ数：20食
■原価率：75%
■購買層：常連客・SNSフォロワー
■提供法：予約販売・店頭販売

大阪・難波

立ち呑み あたりや食堂 なんば店

■住所／大阪府大阪市中央区4-6-5 ナンバ進栄ビル1F
■営業時間／15：00〜24：00（23：30L.O.） ※状況により変更あり
■定休日／無休
■規模／18坪・スタンディング35名ほど
■客単価／1700円
■テイクアウト客単価／500円
■テイクアウト客数／約500人／月
■経営／㈱クロスキンキ

Take-out Menu

071

ワンコインの明朗会計と揚げたての特別感で連日30食

あたりやさんの天丼 500円

注文を受けてから揚げたてを提供するのが一番のこだわり。店内営業時に提供する食材を利用するため、原価率20%で提供が可能に。そして、半熟卵をトッピングしても600円というリーズナブルさと目の前で揚げてくれる演出も人気を後押ししている。お値打ち感が出るようエビ天２本をはじめ、しし唐、ちくわ、ナス、海苔がのる。

Menu Data>>>

■売れ数：30食／日
■原価率：20%
■購買層：全般
■提供法：受注調理

エビ天が2本も入った揚げたての天丼が税込500円。そのお値打ち感で大ヒットメニューとなった「あたりやさんの天丼」を販売するのが、『あたりや食堂なんば店』だ。

大阪府下で40年以上続く居酒屋チェーン『志な乃亭』などを経営する㈱クロスキンキ初の立ち呑み業態として2015年にオープン。日本各地からの産直鮮魚と揚げ立ての天ぷらを名物に、連日8～10回転する繁盛店になる。

コロナ禍では、名物の天ぷらを活用してテイクアウトをスタート。お客の心を掴むキャッチーな価格と、混雑する際も釣り銭で手間取らないようにというオペレーションとの両方の観点からワンコインに設定したという。

揚げたての天丼＝高級なイメージを覆すリーズナブルさから、会社員のランチ需要をはじめ、難波に買い物などで訪れる主婦や年配層が購入しに訪れるなど、今まで立ち飲みとは縁遠かった新規客の開拓にも繋がった。今後も様々なニーズに応えたテイクアウト商品に注力する考えだ。

とり天が3個ものったボリューム重視の一品

漬け込み鶏天丼　500円

テイクアウト商品に肉メニューを取り入れようと、店内メニューの中でも人気の高い鶏天を活用した一品。鶏天が3個ものるボリューム感ある商品だが、こちらもワンコインで販売。天丼と同じく、揚げたてを提供し、冷めてもおいしく食べられるよう、自家製タレに漬け込んで、しっかりと下味を付けていることから、自宅での中食利用に購入する主婦なども多い。

Menu Data>>>
- ■売れ数：25食／日
- ■原価率：18%
- ■購買層：全般
- ■提供法：受注調理

Take-out Menu
072

\Take-out Menu/

073

名物のアワビ踊り焼きを丼に仕上げた贅沢な一品

アワビステーキ丼　880円

店内で販売する看板メニュー「アワビ踊り焼き」750円をステーキ丼に仕上げた一品。アワビが1000円以下で食せる贅沢感から幅広い世代に支持される人気メニューだ。店内ではお酒と合うようバター醤油で提供しているが、丼は食事としておいしく味わえるよう、モヤシやニラなどを加え、ステーキソースで調理している。

Menu Data>>>

- ■売れ数：5食／日
- ■原価率：75%
- ■購買層：全般
- ■提供法：受注調理

天丼は注文後に約80㎝の大鍋で揚げたてを提供。店内営業時に培ったスピーディさを活かし、5分以内でお客に提供できるという。

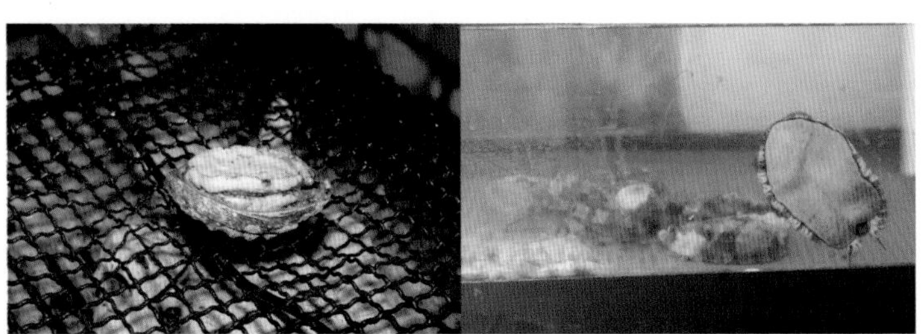

「アワビステーキ丼」のアワビは、注文を受けた後、水槽から取り出し、炭火で焼いて提供。同店では店内・外を合わせて月約50kgのアワビを使うなど、イチ押しの人気商品だ。

大阪・日本橋

1ポンドのステーキハンバーグ
タケル 日本橋オタロード店

■住所／大阪府大阪市浪速区日本橋3-8-21
■営業時間／11：30～17：00、17：00～22：00（L.O.21：30）
■定休日／無休
■規模／約12坪・16席
■客単価／2300円
■テイクアウト客単価／1500円
■テイクアウト販売数／約2000食／月
■経営／（株）クークーアンドコー

看板商品のステーキを サービス価格で提供

Menu Data>>>
■売れ数：900食／月　■原価率：非公開
■購買層：男性客、会社員など幅広い客層
■提供法：受注販売

タケルステーキ弁当　Sステーキ（120g）1080円、Rステーキ（240g）1550円

タケルの“安くてうまい”を体現した名物ステーキをテイクアウト商品として全店共通で販売。柔らかで旨みの濃い肩ロース肉に玉ネギをたっぷり使ったオリジナルの「タケルソース」をトッピングし、テイクアウト時は肉をそぎ切りにすることで火の通りをよくし、短時間で提供できるよう工夫している。食べ応えのある本格ステーキが約1000円で食べられるコスパのよさが支持される理由に。

Take-out Menu
075
ステーキ店ならではの 肉の旨さを活かしたハラミサンド

ハラミステーキサンド
1100円

食べ歩き需要も見込んで、今年から販売をスタートした日本橋オタロード店の限定メニュー。こだわったのは肉への火の通し加減で、しっかりと火を通しつつも、ステーキ店ならではのノウハウを活かし、柔らかに仕上げている。これをガーリックとオリーブオイル、バター、スパイスを使った特製ガーリックソースが染みたトーストにサンドし、ハラミの旨みがしっかり味わえる工夫も。

Take-out Menu
076
カツ300gのボリューム感で勝負 肉厚にして食べ応えも強調

肉厚ソースカツ弁当　1460円

日本橋オタロード店の限定メニューとして今年3月から販売をスタート。衣に特製ソースをたっぷり染み込ませたカツはなんと300g。通常、カツの量は150g前後が多い中、ほぼ倍の量を使った圧倒的なボリューム感で勝負した一品だ。重量もさることながら、「肉を食べる」という満足感を高めるため、厚さにもこだわり、食感のよさも自慢。

Menu Data>>>
■売れ数：300食／月　■原価率：非公開
■購買層：若い男性客、会社員など　■提供法：受注販売

大阪府内に9店舗を展開するがっつり系ステーキハウスチェーン『1ポンドのステーキハンバーグタケル』。「テイクアウトでもワクワクする食体験を楽しんでほしい」と、買い求めやすい価格と種類の多さ、そして期間限定商品などを次々に打ち出すことで根強いファンを獲得している。

　重視するのは、店内メニュー同様に肉々しさを前面に押し出したボリューム感。各店で月に1500食と安定した売り上げがある中、特に若い男性客が中心顧客になる日本橋オタロード店は、肉の存在感を強調したメニューがウケ、月2000食を売り上げるなど好調だ。また、各店で限定商品を打ち出す中、日本橋オタロード店は食べ歩きにも適したカツサンド系も展開し、ランチやディナー以外の時間帯の売上にも繋げている。

　現在はテイクアウトやデリバリーに対するオペレーション効率も上がったことから、今年から店頭販売を受注販売へと切り替えて出来立てを提供し、味のクオリティアップにも注力している。

ステーキ重が1000円以下の破格の高コスパが人気に

ステーキ重

Sステーキ（100g）ライス（200g）850円、Rステーキ（150g）ライス（250g）1100円

全店共通メニューとして根強い人気を誇る一品。人気の理由は、タケルステーキが1000円以下で食べられるお値打ち感で、店側もファンサービス商品としての位置付けに。また、ステーキにタケルソース、ニンニクチップがたっぷり乗ったパンチのきいた味付けも好評だ。

Menu Data>>>

■売れ数：900食／月　■原価率：非公開
■購買層：若い男性客、会社員など幅広い客層
■提供法：受注販売

Take-out Menu／
077

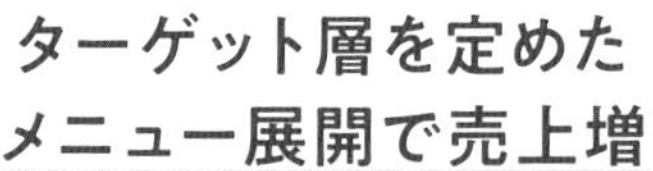

ターゲット層を定めたメニュー展開で売上増

現在は全店共通メニューとして9品を販売。それに合わせて各店の顧客ターゲットを狙った店舗限定商品を展開することで固定ファンを獲得している。新メニュー開発や打ち出しにも力を入れることで、いつ訪れてもサプライズ感がある楽しさもお客を惹きつける理由に。

食べ歩き需要を見込んだ肉の存在感を極めたカツサンド

＼Take-out Menu／
078

肉厚カツサンド　1100円

自家製特濃ソースにどっぷり漬け込んだ肉厚カツの存在感が目を引く一品。あえてパンは薄めにすることで、カツのボリューム感を押し出し、映えるメニューに仕上げた。日本橋オタロード店の限定メニューになり、食べ歩き用途としても人気が高まっている。

Menu Data>>>

■売れ数：100食／月
■原価率：非公開
■購買層：若い男性客、会社員など
■提供法：受注販売

神奈川・横浜市

アジアンビストロ Dai
たまプラーザ本店

■住所／神奈川県横浜市青葉区美しが丘2-16-1 2F
■営業時間／11：00～23：00
■定休日／無休
■規模／17.45坪・32席
■客単価／約3200円
■テイクアウト客単価／約4170円
■テイクアウト客数／平日約８人　土日祝約12人
■経営／㈱プレジャーカンパニー
■調理／畠山紘平

まさに「オールスターズ」。アジアン満喫のプレート

アジアンオールスターズ　2人前1800円

Menu Data>>>
■売れ数：2～8食
■原価率：26%
■購買層：中高年客・家族客
■提供法：受注調理

「ベトナム風生春巻き」「海老トースト」「カマンベールチーズフライ」「トリュフ揚げ春巻き」「ガイトード（タイハーブでマリネした鶏モモ肉のから揚げ）」「ポテトサラダ（ゴルゴンゾーラチーズ使用）」の６品の盛り合わせ。揚げ春巻きにはトリュフの香りをプラスし、海老トーストはすり身・粗目の2種を使うことで食感を良くするなど、ひと工夫をプラスしたおいしさも好評だ。

Take-out Menu
079

『アジアンビストロ　Dai』は、19Pと48Pでグループ店を紹介した㈱プレジャーカンパニーの主力業態。現在、10店舗あり、その1号店が同社の創業店でもある「たまプラーザ本店」だ。

2010年にオープンした『アジアンビストロ　Dai　たまプラーザ本店』は、地元で確固たる評判を確立している。2020年の緊急事態宣言を機に、より注力したテイクアウトも好評で、テイクアウト商戦においても「アジアンの非日常感」が差別化になっている。さらに、同社は常に「改善活動」で魅力を磨いてきた。『アジアンビストロ　Dai　たまプラーザ本店』のテイクアウト商品も、現状に満足することなくブラッシュアップを続けている。

また、同店は2階立地で、店頭販売ができない。そこで、緊急事態宣言下では、グループ店の『大喜楼　たまプラーザ本店』の店頭で、『アジアンビストロ　Dai　たまプラーザ本店』のテイクアウト商品も販売。ドミナント展開の強みも生かしている。

Take-out Menu

080

価値を高め、客単価もアップする秀逸アイデア

ガパオライス&グリーンカレー　1200円

テイクアウトの弁当で、ガパオライスとグリーンカレーを一度に楽しめるようにしたアイデアが秀逸。2種のセットで価値を高めながら、客単価アップにもつなげている（ガパオライスは単品だと850円）。濃厚な味わいのグリーンカレー、プリッキーヌの辛味を利かせたガパオライス。それぞれの料理も多くのファンに愛されてきた折り紙付きのおいしさだ。

Menu Data>>>

- ■売れ数：5～8食
- ■原価率：28%
- ■購買層：女性客・若者客
- ■提供法：受注調理

東京・世田谷区

PepeRosso

ペペロッソ

■住所／東京都世田谷区代沢2-46-7 エクセル桃井1F
■営業時間／テイクアウト9：00～23：00 店内12：00～16：00、18：00～23：00
■定休日／無休
■客単価／昼6000～15000円　夜13000～22000円
■テイクアウト客単価／2000円～1万円強
■調理／今井和正

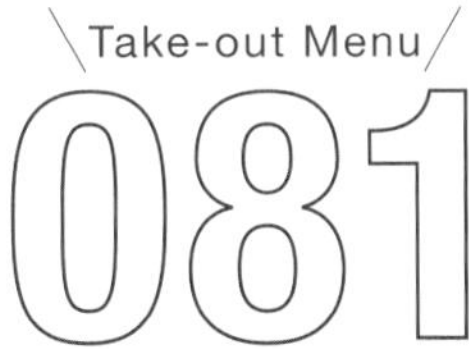

家で再加熱しても旨い、手間暇かけた本格ラザーニャ

▶調理ポイントの紹介はP136

日替わりラザーニャ　1280円

焼いたそばから売れる大人気商品。シート状の自家製パスタ生地と2種類のソースを何層にも重ね、チーズをかけてオーブンで焼き上げる。具材やソースは日替わりで、写真は自家製の馬の生ハムをミンチにして作るミートソースとベシャメルソースを組み合わせ、ジャガイモとアスパラガスを挟み込む。家に持ち帰り、再加熱しても生地の食感がしっかり残り、本格派の味が喜ばれる。

Menu Data>>>

■売れ数：18食
■原価率：40%
■購買層：子供連れ客、外国人客
■提供法：事前調理

週末には3台分（18食分）を焼く。

Take-out Menu
082

自家製酵母を使った個性豊かなパン

自家製天然酵母を使った自家製パン。内容は日替わりで、手間もかかるため数量限定販売ながらファンが多い。「リエビトマードレを使ったそば粉のパン」は、自社栽培の麦で作った天然酵母と、イタリア品種の米から作った天然酵母を併せて使い、そば粉と焦がした小麦粉で作った多加水パン。1本1.2kg。「パネットーネ」は最近売り出したもので、元々はクリスマス向けのパンだが同店では常時提供。パネットーネ用の専用粉をベースに卵黄やバター、ハチミツなどを加え、1個あたり800gの生地を使用。香料や添加物は使わない代わりに、9カ月ハチミツに漬け込んだ栗などアクセントになる食材を加え独自性を打ち出している。

(上) リエビトマードレを使ったそば粉のパン 1600円

Menu Data>>>

■売れ数：限定2個 ■原価率：50%
■購買層：子供連れ客、外国人客 ■提供法：店頭販売・予約販売

(下) パネットーネ (ハーフ) 2100円 (ホールは4200円)

Menu Data>>>

■売れ数：限定4本 ■原価率：34%
■購買層：子供連れ客、外国人客 ■提供法：店頭販売・予約販売

Take-out Menu
083

Take-out Menu

084

時間と技術を要する煮込みを気軽なテイクアウト商品で

Menu Data>>>

■売れ数：5食
■原価率：43%
■購買層：子供連れ客、外国人客
■提供法：事前調理

トリッパと旬のキノコの煮込み　1480円

旬の食材を使い、手間をかけて作る煮込み料理。内容により価格は980〜2000円に変動。写真はやわらかくなるまで煮込んだトリッパの食感と甘み、旬のポルチーニ茸の旨みを活かすため、塩とチーズ、香味野菜でシンプルな白いソース仕立てに。仕上げにヒノキパウダーをかけている。

地域密着でイタリアのストリートフードを発信！

店頭部分に広くテイクアウトコーナーを設け、通行人にもアピール。近くにあるスーパーの買い物のついでに立ち寄るなど、近隣住民の買い回りルートの一角として定着している。

テイクアウト用の容器は紙製でエコ仕様。自転車のかごに入れやすく、重ねても潰れない強度で、かさ張らないサイズを選択。お客に渡す際には外側をアルミホイルで包み保温性を高める配慮も。

池ノ上駅近くに移転した店舗は、間口が広く夜も存在感が。テイクアウトも、イタリアのストリートフードを提供する感覚で売り場づくりを工夫した。オープンな店頭から通行人やお客に声をかけ、地元客のニーズを吸い上げている。

イタリア郷土料理の店として人気を集めている『ペペロッソ』。2020年1月に東京・三軒茶屋から池ノ上へ移転したのを機に、テイクアウトに力を入れ始めた。「レストランの料理とは別に、テイクアウトではイタリアのストリートフードの文化を発信したいと考えていました」と総料理長の今井和正氏。

テイクアウトでも一つずつしっかりと作り、毎日食べても体にいいものを提供することを基本にした同店の商品は、地域の住人を中心に評判に。また移転オープン後すぐコロナ禍となり、テイクアウトやデリバリーのニーズが拡大したこともあって売上は伸びていった。

メニュー数も徐々に増やし、現在はコース仕立てのパーティーセットや、店名物の生パスタ、自家製天然酵母を使ったパンなど幅広い商品をテイクアウトとデリバリーで販売。それぞれ月に100万円ほどを売り、コロナ禍の営業の支えとなっている。

ロスなく無理なくパンを売り切る

旬の果実やパスタの切れ端まで、様々な食材から天然酵母を育てて個性派のパンを作成しているのが同店の特徴。パンはレストランでの提供分を以前から店で焼いており、お客から要望があれば販売することもあった。

移転後、パン店が近隣にないこともあり、テイクアウト用のパンも販売。初期投資を抑え、ホイロも家庭用機器を使い、常時2〜3種類のパンをそれぞれ少量ずつ作って売り切ることで、初期費用や労力をかけすぎず、ロスも防ぐ。また、例えばパネットーネは定番の香料をあえて用いず、生地に加える食材に風味をつけたり、通常とは異なる大サイズに仕上げるなど、新感覚のパネットーネを提案。新しいイタリアンの魅力を打ち出してファンをつかんでいる。

香料などを加えず、強い香りを持つ具材のインパクトで差別化しているパネットーネ。写真は干しブドウをワインに漬け込み、さらにブドウの香りを強化したものを使用。

パネットーネは両手で抱えるほどの大きさで、1本〜1／4カットで販売。通常とは異なる大サイズも特徴だ。数日おきに一本丸ごと買っていく常連客も。目的客がほとんどで、SNSで商品や焼き上がり時間を告知するとすぐに反応があるという。

Take-out Menu

085 お客のニーズに合わせて作る自家製生パスタ

▶調理ポイントの紹介はP137

一本一本手延べしたピーチアリオーネ 1630円

店内営業でも人気の高い生パスタの中から、時間がたっても伸びにくく、温め直してもおいしいものを20種類ほど取り揃え、お客の要望に合わせて受注調理。写真は一本ずつ手延べしたトスカーナ州の太麺パスタ「ピーチ」を、シンプルなトマトソースで。麺は1人前生で100g。

Menu Data>>>

■売れ数：多いときで100食以上
■原価率：40%
■購買層：子供連れ客、外国人客
■提供法：受注調理

兵庫・西宮市

洋食とワインのお店
土筆苑（つくしえん）

■住所／兵庫県西宮市高松町11-2
■営業時間／平日11：00〜14：30（14：00L.O.）、17：00〜22：00（21：00L.O.）
土・日・祝11：00〜15：00（14：30L.O.）、17：00〜22：00（21：00L.O.）
■定休日／月曜日（祝日の場合は翌日）
■規模／20坪・34席
■客単価／昼1700円、夜4000〜5000円
■テイクアウト客単価／1000〜3000円
■テイクアウト客数／平日8名、週末15名
■経営・調理／大谷隆史

料理はすべて真空パック 店の味をそのまま提供

特製ハンバーグ　1000円

同店は店で提供するメニューはほぼテイクアウトでき、店で食べる時と限りなく同じ味を提供することを基本としている。サラダ以外、ソース類はすべてセットにすることから、盛り付けも再現しやすいと好評だ。その中でも人気が高いハンバーグのこだわりは火入れ加減。真空調理することで、肉汁や旨みを閉じ込められ、ふっくら柔らかな食感を実現する。店内提供時は自家製マッシュポテトにハンバーグを重ね、自家製デミグラスソース、ニンニクが香る生クリームをかけて提供。テイクアウト時はそれらを包材に入れ、基本はすぐに食べられるよう温めた状態で提供している。

スピーディーに提供

営業時は店内厨房の湯煎器でメインディッシュやソースなどを常時保温している。こうすることで、提供時間も注文から5分以内とスピーディなため、お客は待たされるストレスがない。

Take-out Menu
086

店内提供時の一例

▶調理ポイントの紹介はP138

Menu Data>>>

■売れ数：月40〜50食
■原価率：22〜23%
■購買層：ファミリー利用、ビジネス利用、常連客
■提供法：受注提供

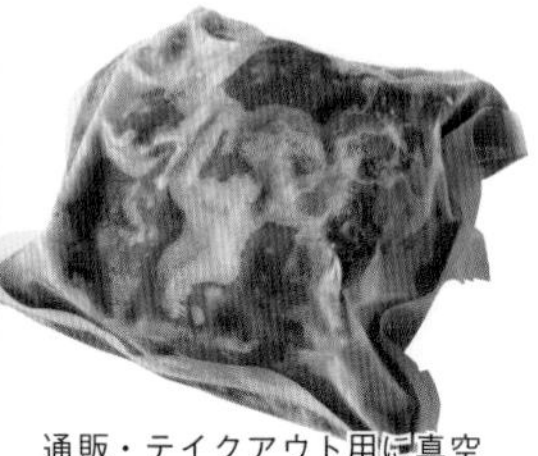

通販・テイクアウト用に真空冷凍商品も用意。冷凍商品は購入者の調理の手間を省くため、ハンバーグとソースを合わせた状態にし、煮込みハンバーグ感覚で味わえる。1個800円。

週末のランチは4回転以上、100人以上を集客。あるグルメサイトでは西宮市の洋食部門で1位に選ばれるなど、屈指の人気を誇る創業約50年の老舗洋食店『土筆苑』。

同店は10年前のリニューアルの際に、東京の老舗『上野精養軒』などで腕を磨いた大谷隆史氏がオーナーシェフに就任。それを機にメインディッシュをすべて真空調理法に切り替え、効率性を高めた。

「工房で仕込み、営業時は温めて出すだけと、厨房での作業を簡素化することで味のブレがなくなり、常にクオリティの高い料理の提供が可能になっています」と大谷氏。

テイクアウトも店内提供の料理を真空パック状態のまま提供するため、店側の業務に負担はかからない上、お客には店と同じ味・スタイルが自宅で楽しめると好評だ。

現在はテイクアウトのほか、真空冷凍商品も充実させて通販にも注力。店内・テイクアウト・通販の3本柱で多様なニーズの獲得に成功している。

▶調理ポイントの紹介はP139

食べ応えもある ご馳走メニューを商品化

Take-out Menu

087

店内提供時の一例

名物タンシチュー　1700円

オーストラリア産の上質な牛タンを6時間煮込んだ柔らかさと風味のよさから支持される名物メニュー。真空調理にすることで、自家製デミグラスソースが肉に染み込み、より深い味わいに仕上がっている。テイクアウトの場合も、ハンバーグ同様に真空パックにして提供。ソース込みで総量約210gと食べ応えのあるご馳走メニューは夕食やハレの日の利用も多く、真空パックは衛生的な上、持ち運びもラクだと好評を得ている。

Menu Data>>>

■売れ数：月30～40食　■原価率：22～23%
■購買層：ファミリー利用、ビジネス利用、常連客
■提供法：受注提供

店名が入った旗が思わぬ宣伝効果に！

インスタ映えを狙った"旗"を同封

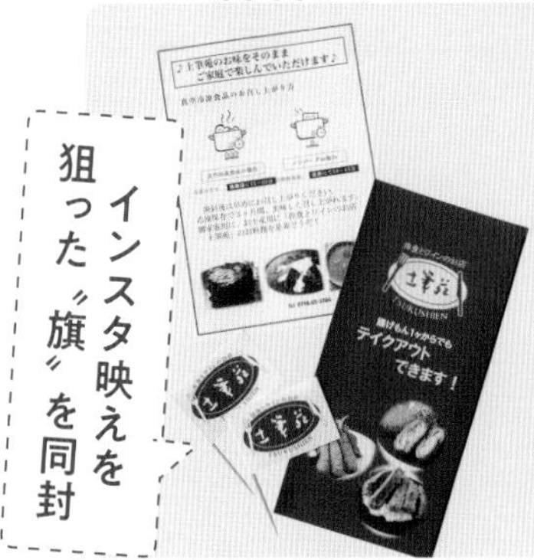

テイクアウトの際は商品とともにテイクアウトメニューを紹介したパンフレットを渡している。簡易のチラシでなく、カラーで印刷したメニュー表のため、捨てずに自宅やオフィスなどに保管されることも多く、次回の注文にも繋がっている。また、通販の提供時はパンフレットや調理手順のほか、店名を記した"旗"も同封。この旗をつけたことで、購入者が調理後の商品に旗を刺してSNSにアップすることが増え、宣伝効果に繋がっているそうだ。SNSで写真を見て注文するお客も多い。

真空冷凍商品の場合はタンシチューとマッシュポテトがセットに。賞味期限が冷凍保存で3～4カ月と長いため、ストック用に購入するお客も多い。1セット1700円。

Take-out Menu

088

洋食屋のビーフカレー

1200円

デミグラスソースの深いコクが味わえる王道の欧風ビーフカレー。コロナ禍でテイクアウト需要が高まった当初は見た目を考慮し、真空パックからルーを出して提供していたが、容器からこぼれるといった意見もあり、現在の真空パック状態で提供することになった。

店内提供時の一例

人気の欧風カレーは 真空パックでこぼれ防止に

カレーは他にマッサマンカレーなどがあり、テイクアウト・冷凍商品ともに5種類を用意。冷凍品は各600円。

Menu Data>>>

- ■売れ数：月20〜30食
- ■原価率：20%
- ■購買層：ファミリー利用、ビジネス利用、常連客
- ■提供法：受注提供

Take-out Menu

089

名物のフライは コンボセットにして提供

店内提供時の一例

▶調理ポイントの紹介はP140

エビ・カニのコンボ

1950円

紅ズワイガニの濃厚な旨みが詰まったカニクリーミィコロッケは大谷氏が修業時代から作り続ける人気の一品。また、プリプリの食感が楽しめるエビフライもファンが多い。テイクアウトは1個から購入可能だが、セットにした商品がほしいという要望から同セットを考案。テイクアウト時もトマトソース、タルタルソースを添えて提供する。日常的に利用しやすい価格にするため、あえて簡易な容器を採用し、コストを抑えている。

Menu Data>>>

- ■売れ数：月30〜40食　■原価率：22〜25%
- ■購買層：ファミリー利用、ビジネス利用、常連客
- ■提供法：受注提供

Ri.carica ランド

（リ・カーリカ）

■住所／東京都目黒区鷹番1-4-9小山ハイツ1F
■営業時間／月～土18：00～24：00、日・祝17：00～23：00
ショップ12：00～23：00
■定休日／不定休
■規模／約30坪・12席
■客単価／4000～8000円
■テイクアウト客単価／2000～3000円、ECは6000円
■テイクアウト客数／約20件、EC件数15件
■経営／㈱タバッキ

Take-out Menu

090

Menu Data>>>

■売れ数：50食（ピチ全種類含む）
■原価率：34%
■購買層：全般
■提供法：予約・店頭販売

創業からの定番を家庭のレンジで手軽に

ピチ・アリオーネ 880円

創業時から各店舗で出している生パスタのピチ。トマトとにんにくのアリオーネの他、ボロネーゼとアラビアータも用意。EC商品化にあたり店舗間の味のバラつきを統一し、レンジで温めるだけで食べられるよう形状を試行錯誤。麺とソースを小分けにしたキューブ状が最も効果的に火が通るという。発売当初はお客の反応が芳しくなかったため、その後、100件以上に改良品を無料で送付。これが喜ばれ、SNSで評判が拡散、結果的に売上アップになった。

ワインと同時購入も多い人気品

Take-out Menu

091

レバーコンフィとシルクスイート　600円

店舗でも人気のロングセラー商品を真空パックに。低温の油でじっくりと火を入れ、ねっとりとした食感に仕上げたレバーと、オーブンでじっくり焼いて甘さを引き出したサツマイモの組み合わせ。『Ri.carica ランド』では自然派ワインの小売りも行なっており、ワインと一緒に購入されることも多い。

Menu Data>>>

■売れ数：7～8食
■原価率：26%
■購買層：全般
■提供法：予約・店頭販売

つまみや子供のおやつにも好評

フリコ（じゃがいもとチーズのガレット）　800円

おろしたジャガイモと玉ねぎ、チーズをフライパンで固めながら焼いたガレット。レンジや湯せんで温めれば食べられるが、仕上げにフライパンで焼くとカリッとした食感が復活する。ビールのつまみにもなるが、子どものおやつとして購入していく母親も多い。

Take-out Menu

092

Menu Data>>>

■売れ数：10個
■原価率：24%
■購買層：全般・子連れ
■提供法：予約・店頭販売

『リ・カーリカ』など学芸大学と都立大学でイタリアン4店舗を展開する㈱タバッキは、EC&テイクアウトブランド「デリ・カーリカ」を立ち上げ、自宅で楽しめる真空パックの料理や調味料を販売している。ECサイト「BASE」を利用し冷凍で届けるほか、各店舗にて冷蔵状態でも販売している。生パスタ「ピチ」を筆頭に、軽いつまみからメイン料理、デザートまでバランスよく15品ほどの真空パック商品と、オリジナルのスパイスミックスやバターなどの調味料も用意。店舗の美味しさをそのままに、「食卓がちょっとだけ豊かになる」をテーマに商品開発している。

「デリ・カーリカ」商品の売上は1日13万円ほど。好調の要因はウェブでの販促に注力していることだ。SNSでは失敗談含む商品開発秘話をつづったことや、商品の調理方法を解説する動画を作成したことがファンの獲得につながった。今後もメニューの拡充や製造量を増やすべく、新たな拠点も探しているという。

ショップ&ラボ&事務所を兼ねた拠点的店舗

2020年11月に開業。製菓や惣菜の製造許可を取得し、ここでEC商品を製造。飲食店として営業する他、小売り、ラボ、事務所としても機能。

Take-out Menu

093

オリジナルバターや調味料でプロの味を

発酵ペペロンチーノバター 1100円

真空パックの料理以外にもオリジナルで作る調味料やバターも用意。同商品は発酵バターに瀬戸内コラトゥーラ（魚醤）、発酵青唐辛子を練り込んでおり1本100g。パンに塗ったり、写真の調理例のようにパスタに絡めて卵黄と海苔をトッピングするのがおすすめ。

Menu Data>>>

■売れ数：8個
■原価率：30%
■購買層：全般
■提供法：予約・店頭販売

極楽うどんTKU

■住所／大阪府大阪市東成区東小橋1-1-4
■営業時間／11：00～15：00、17：30～22：00（麺が無くなり次第終了）
■定休日／不定休
■規模／10坪・11席
■イートイン客単価／920円
■テイクアウト客単価／1100円
■調理／渡辺真宏

店内同様、作りたてを追求。スパイシーでクセになる看板商品。

鶏天カレーうどん　930円

春夏は1日10～15食、秋冬は1日25食以上売れる看板商品で、１個80gの鶏天や麺のボリュームが評判。「関西に多い、だしを味わう優しい味ではインパクトがない」と、多種類のスパイスを配合したスパイシーな味に。丼型の容器にカレーだしを入れ、内蓋を閉めてその上に麺を盛り、お客自身が麺をだしに入れ、トッピングを盛って食べる。カレーうどん系には全て紙エプロンをサービス。

Menu Data>>>
■売れ数：1日25食
■原価率：25%
■購買層：全般、男女半々
■提供法：受注調理

▶調理ポイントの紹介はP141

カレーと卵とじ、２種類の味で うどんを挟む。味変する人気商品

▶調理ポイントの紹介はP142

鶏卵カレーうどん　900円

器の底にスパイシーなカレーだしを流し、熱々のうどんを加え、スパイスを少量加えたカレー風味の玉子餡を重ねて3層に。最初は玉子餡のマイルドな味わいだが、食べ進めると少しずつ混ざり、次第にスパイシーな味に変化。そのサプライズ感と飽きない味にファンが多い。

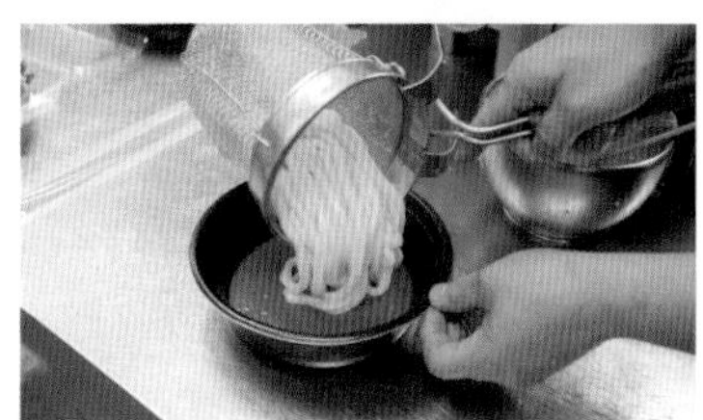

Menu Data>>>

- ■売れ数：1日10食
- ■原価率：25%
- ■購買層：全般、男女半々
- ■提供法：受注調理

容器は汁と麺がセパレートされる㈱エフピコの既成品を使用。容器、蓋ともに耐熱温度110℃。具材は別にパックする。

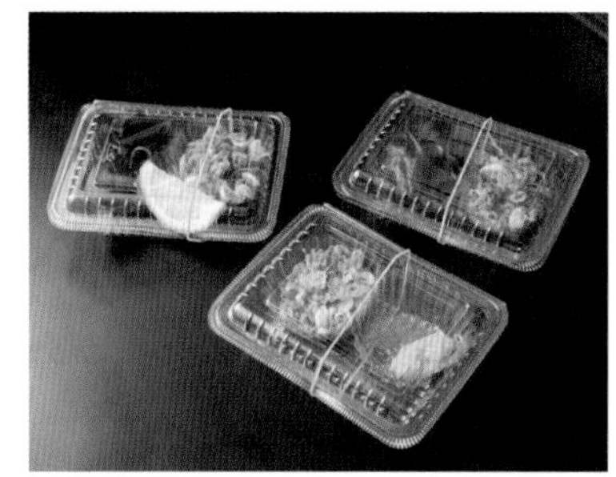

各商品に合わせてあらかじめ３パターンの薬味を作りおきし、パック詰めに。１食ずつ薬味を用意する手間を省いた。

竹鶏天ぶっかけ　８２０円

揚げたてのちくわ天1本、鶏天1個がつく定番のぶっかけ。ぶっかけに使うかえしは、北海道・道南産の天然真昆布「黒口浜1等級」の高級昆布のほか、鰹節、ヒゲタ醤油の上質な濃口醤油「本膳」を使い、セントラルキッチンで熟成。まろやかで旨味のある味に仕上げている。

Menu Data>>>

■売れ数：1日10〜15食
■原価率：25%
■購買層：全般、男女半々
■提供法：受注調理

Take-out Menu

096

「打ちたて、茹でたて、作りたて」をコンセプトにするため、長年断っていたテイクアウトを『極楽うどんＴＫＵ』が始めたのは２０２０年４月。オペレーションを組み直し、食中毒対策も実践した。

特徴は、店内飲食より全品ほぼ50円安い価格設定。通常、店内飲食では基本４００ｇの麺を小盛３００ｇにすると50円引き、中盛５００ｇは無料、大盛８００ｇはプラス２００円で提供するが「テイクアウトは４００ｇのみで、細やかなサービスができないため安くしました」と店主の田中隆司氏。また競合他社のデリバリー商品を研究し、自店舗から配達にかかった時間と味の変化を研究した上で２０２１年３月からはＵｂｅｒ Ｅａｔｓも開始。時短営業中にも関わらず同年5月には過去最高の月商５００万を達成し、現在もテイクアウト・デリバリーで平均77万円を売る。店内飲食と同じ味でありながら割引チケット、エプロンといった付属のサービスも喜ばれている。

デリバリーは特殊シールを

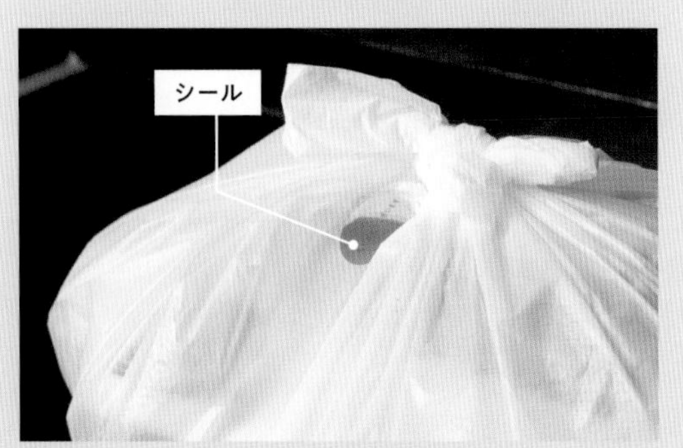

デリバリーの荷姿。袋にシールを貼り、未開封であることを表示。シールは剥がすと「開封済み」という文字が貼った場所に残る仕掛けで、安全性を高めた。またUber Eatsでは通常35%の手数料がかかるので価格にのせるところが多いが「店内飲食のサービスがない分、15%を店で負担」する価格設定に。リピートを後押しする。

高級おしぼりや紙エプロンも テイクアウトの満足度を高めリピーターを増やす

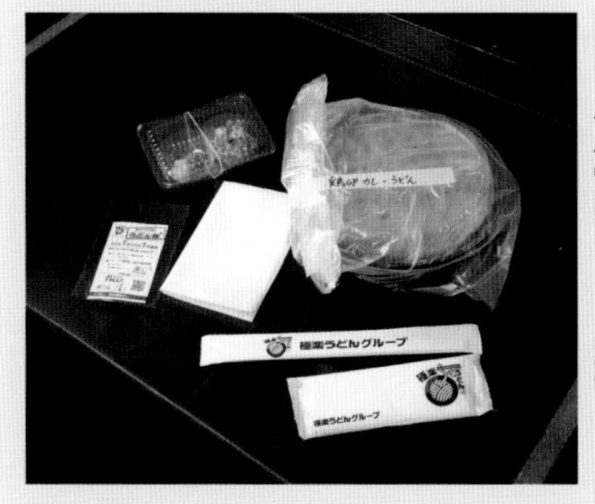

テイクアウトで提供するものの中には商品と薬味のほか、箸、分厚い上質な紙おしぼり、10枚集めると鶏天1個が無料になるチケット1枚、注文した商品がカレー系の場合はエプロンもセットにする。テイクアウトでもいかに満足感を高め、喜んでもらえるか考えた末、こうした付属品までこだわり、工夫した。

麺はもっちりした"グミ感"のある食感と茹で前で4.5ミリ厚という太さが特徴。国産小麦粉を配合し、加水率高めでミキシングした後、低温で5～7時間熟成し、プレスしてさらに19時間熟成。一食400g盛り付ける。

Take-out Menu

097 高級素材を惜しげなく使いつつ 店内飲食よりお手頃に

▶調理ポイントの紹介はP143

黒毛和牛きつねわかめうどん 1230円

鹿児島産A4等級の黒毛和牛を1食につき100g使用。フライパンで炒め、仕上げにバーナーで炙って香ばしい味わいに。かけ汁には北海道・道南産天然真昆布「黒口浜」1等級という和食店クラスの高級昆布を使用。だしをとり終えたものを昆布店で佃煮にしてもらい、それをおにぎりの具材にしている。

Menu Data>>>

- ■売れ数：1日5～6食
- ■原価率：30%
- ■購買層：全般、男女半々
- ■提供法：受注調理

兵庫・神戸

Cuisine Franco-Japonaise Matsushima

キュイジーヌ フランコ ジャポネーズ マツシマ

■住所／兵庫県神戸市中央区山本通3-2-16ファミールみなみビル1F
■営業時間／12:00〜15:00（13:30L.O.）、17:30〜22:00（20:00L.O.）
■規模／35坪・16席、個室最大10席
■客単価／1万1000円
■テイクアウト客単価／5500円
■テイクアウト客数／80〜100人／月
■経営／㈱Matsushima
■調理／松島朋宣

Take-out Menu

098

本気のまかないをテーマに 最高で月間880食を販売

Matsushimaの晩ご！！　1人前5500円

Menu Data>>>

■売れ数：平均120食／月
■原価率：24〜30%
■購買層：30〜70代男女
■提供法：受注生産

「日々の晩ご飯作りを手伝う、レストランの本気の賄い」がコンセプト。前菜からデザートまで5種類を揃え、レストランと同じ素材を使いつつ、お値打ち感とボリュームを重視して主菜を2品に。週替わりにすることで飽きさせない工夫も。

1 前菜／フランス産鴨胸肉の軽い燻製 苺のサラダ 文旦とメープルシロップのドレッシング

旬の野菜やフルーツを多用し、季節感を重視。取材時は蒸した春キャベツと葉野菜のサラダ1人前30gに、イチゴ1人前30gと鴨ロースの燻製1人前50gを組み合わせ、見栄えも食べ応えも十分な一品に。この時期にレストランで提供する文旦の皮を利用し、文旦の皮のコンフィとメープルシロップのドレッシングを付ける。

季節感と彩りを重視

※写真は2人前（1万1000円）

店と同じ味をたっぷりと

2 スープ／白菜と灘・福寿の酒粕ポタージュ

湯煎で温める月替わりのスープ。炒め煮した玉ネギと白菜に、昆布と鶏節のスープを加え、板粕を溶かしてミキサーにかけた。レストランでは同じものに浮き実を組み合わせて提供。１人前175ccとたっぷりつけ、「一部を取り置いて翌朝楽しめるのが嬉しい」という声が多い。

3 メイン1／神戸ポークと文旦の煮込み じゃがいもロースト

神戸ポークのスペアリブに塩、キャトルエピスを振ってマリネし、スチコンで80℃・４時間スチーム。文旦のコンフィチュールに味醂、醤油を加えて煮詰めたソースを絡めた。提供時は真空にして渡し、湯煎で温めてもらう。主菜は１人前約100g、ソース30g、付け合わせ80～100gが基本。味が変わりやすい付け合わせは当日朝に製造。

ガッツリ肉料理が中心

4 メイン2／特製ラザニア

ボリューム感とお値打ち感を意識し、2品目のメインとして常時提供。素朴な美味しさが評判で差別化に繋がっている一品。レストラン営業の間に仕込んで冷まし、カットして1食ずつ冷凍。提供日に合わせ冷蔵解凍する。

生産者直送の国産素材を使い季節感を大切にする神戸・北野のレストラン『マッシマ』。店主の松島朋宣氏がテイクアウトを始めたのは第一に、こうした生産者や業者からの仕入れを止めないためだという。

テイクアウトに使う食材は店と同様で、売り方においては約5年前から導入し、2000人の会員を持つLINE公式アカウントを利用。新メニューのPRや受注に使う他、チャット機能で交流することで、お客の声を拾いサービス向上につなげた。

例えばテイクアウトに慣れ、1回目より売上が落ちた2回目の緊急事態宣言以降は、反響が大きかった人気メニューを多く取り入れたり、盛り付け例の写真を配信。その結果、現在もテイクアウトだけで毎月80万円の売上を維持するという。その他、2020年4月から「定期便」を提案。「マッシマの晩ご!」2回注文で本店での食事が10%オフ、4回で15%オフ、8回で20%オフになるクーポンを進呈するサブスク制を導入し、コロナ収束後の集客へ布石を打っている。

5 デザート／TAKATAのスフレチーズケーキ

デザートはパティシエ経験のあるスタッフが担当。別立てにしたメレンゲを加え湯煎焼きで口溶けよくに仕上げた。この他、季節の果実を使うタルトやブランマンジェ、プリン等も。

土曜日限定のプチ贅沢な フレンチ風どんぶり

Matsushimaのランチボックス　2200円

緊急事態宣言中の土曜限定で提供していた週替りの丼。ご飯に合う肉料理をテーマに、写真は兵庫県産もち麦を約30%配合したもち麦と米のピラフ、冷燻した鴨のコンフィ、イチゴのサラダを詰め、文旦のソースを付けた。約2日前からSNSで告知し、LINEで受注。温め方や食べ方の説明書を添えた。

Menu Data>>>

■売れ数：50～80食／日
■原価率：25～35%
■購買層：30～70代男女
■提供法：受注生産

\Take-out Menu/

099

製造の効率化に一役買う

◆感染予防を今一度　マツシマ宅食協会 神戸支部
令和3年 2月3月 こんだて表（全国地区） ◆手洗い・うがいをしましょう　人にやさしく委員会

2月16日～2月21日	2月23日～2月28日	3月2日～3月7日	3月9日～3月14日	3月16日～3月21日
メイン	メイン	メイン	メイン	メイン
Matsushima特製 ハッシュドビーフ もち麦ピラフ ラザニア	神戸ポークと文旦の煮込み じゃがいものロースト ラザニア	フランス鴨もも肉のコンフィ 小豆と豚肉の煮込み ラザニア	牛肉の黒ビール煮込み じゃがいものピューレ ラザニア	ローストチキン 春野菜 ラザニア
野菜料理	野菜料理	野菜料理	野菜料理	野菜料理
その日のポタージュ	その日のポタージュ	その日のポタージュ	その日のポタージュ	その日のポタージュ
前菜	前菜	前菜	前菜	前菜
淡路鶏の蒸し鶏 春キャベツ 文旦ドレッシング	フランス産鴨胸肉の軽い燻製 苺のサラダ	信州サーモンのマリネ 菜の花サラダ	自家製ハム 春キャベツのサラダ	自家製パストラミビーフ 苺のサラダ
デザート	デザート	デザート	デザート	デザート
林檎のタルト	TAKATAの スフレチーズケーキ	生姜のブランマンジェ 文旦のコンポート	Matsushima特製 テリーヌ ドゥ ショコラ	大人気 焼きプリン

Instagram
LINE

2、3月目標 手洗い、うがいを再チェック 免疫力をあげよう たくさん食べて、ゆっくり休む
☆お得な定期便もございます☆
TEL078-252-8772

ホームページ【http://www.restaurant-matsushima.com】
レストラン マツシマ　検索
野菜の多くは神戸市の農家さんの作って下さったものを使用しています。
配送の方は、生野菜がピクルスに変更となります！

月ごとに献立表を作りSNSや店頭で発表。献立表を作ることで、お客が注文しやすいようにした他、スタッフが製造スケジュールを把握し、オペレーションの効率化に繋げた。開始当初から受注が落ち着く2022年2月まで作っていた。

魚貝ののぶ

■住所／ 東京都杉並区高円寺南4-8-5
■営業時間／17:30〜22:00（フード21:00、ドリンク21:30L.O.）、〔弁当販売〕11：30〜12：30分頃（最新情報はSNSで要確認）
■定休日／水曜
■規模／9坪・16席
■テイクアウト客単価／（弁当）700〜800円、（魚屋）1500円
■テイクアウト客数／80〜100人（弁当のみ）
■経営・調理／土田宣隆

ぜいたくな具材がギッシリ
家庭で食べられる"本格鍋"

Take-out Menu
100

ぜいたく鍋

1人前1700円（写真は2人前）

マダラの本白子、あん肝、牡蠣、本マグロねぎまと、食べたら痛風になりそうなほどの、ぜいたくな具材づくしの鍋料理。脇を固める木綿豆腐、長ネギ、白菜、春菊または水菜、エノキ茸。そして、真昆布、カツオ節、サバ節で取った濃縮だしをセットにする。注文は2人前から。プラス1500円で、7〜8種の刺身の盛り合わせ（各2切れ）を付けられるようにし、使い勝手のよさを高めながら、客単価アップを図る。季節商品のため、11月〜3月をめどに提供する。

Menu Data>>>

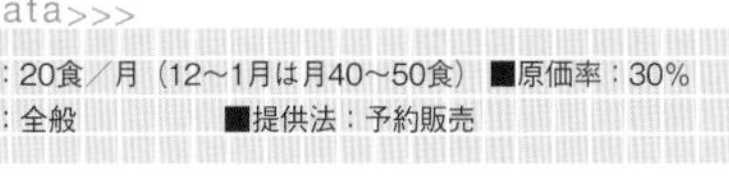
■売れ数：20食／月（12〜1月は月40〜50食）■原価率：30%
■購買層：一般 ■提供法：予約販売

※価格は「ぜいたく鍋」「おうちで宴会セット」は税抜。弁当は税込。

2020年の1回目の緊急事態宣言でお客が激減。手探り状態で始めた弁当販売が人気を集め、いまも継続中なのが『魚貝 ののぶ』である。大半の店が休業していた当時より売れ数は半減したが、それでも1日80~100食を売る。営業時間も半分に縮め、昼の1時間に絞って集中的に販売。その時点で残ったものはすべて500円に値下げし、確実に売り切っていく。

お客のピークは、11時30分と12時の2回。各ピークに合わせて弁当を売り場に並べ、後は様子を見ながら随時、補充する。弁当は塩焼き、照り焼き、西京焼きなど、焼き魚メニューを中心に日替わりで10種ほど揃え、魚のご馳走感を売り物に据える。弁当の仕込みは主菜、副菜各1人ずつの2人体制で、営業中は調理、盛りつけ、販売各1人ずつの3人体制で行なう。

弁当に加え、予約販売で高単価の「とらふぐ鍋」「クエ鍋」「ぜいたく鍋」の鍋メニューも開発。不定期開催だが〝魚屋〟も同時営業し、テイクアウトで日商6~7万円を売り上げる。

これ一品で家庭で居酒屋気分を
堪能できると好評
Take-out Menu
101

おうちで宴会セット 3500円

※鍋メニューと同時購入で500円引き

1回目の緊急事態宣言の際、家庭でも居酒屋の気分を味わってもらおうと、急遽、開発。その後、メニューを入れ替えていく中、好評につき、いまなお提供を続ける人気商品である。8～10種の刺身、バッテラ、ガリの塩昆布あえ、ハムカツ、ポテサラを盛り込む。2人前を目安にした盛りだくさんの内容で、満足感は高い。ガリはバッテラのつけあわせだが、酒のつまみにもなるようにひと工夫する。

Menu Data>>>

■売れ数：7～8食／週　■原価率：25%
■購買層：全般　■提供法：予約販売

“魚屋”も同時に営業し、相乗効果で人気を獲得

魚介類販売業の許可も取り、“魚屋”も営業。9坪の小規模店のため、どうしても売上に限界があり、以前から構想を練っていた。2回目の緊急事態宣言が出たことで決断し、営業に踏み切る。大変好評を博したが、現在は不定期開催に。開催日はインスタで告知している。

鮭に特化した、これはもう
鮭弁の“アタマの大盛り”

Take-out Menu
102

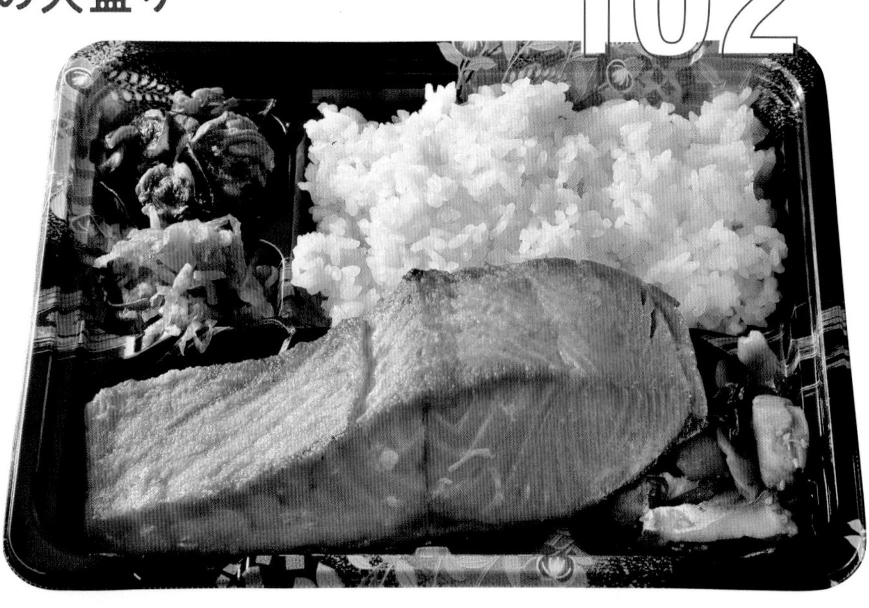

本気の鮭弁 800円

持ち帰り弁当で、“のり弁”と並ぶ定番メニューが“鮭弁”。そんな鮭弁をまわりの具材ではなく、シンプルに鮭のみにこだわってご馳走感を高めた一品。鮭は一般的なトラウトサーモンではなく、銀鮭を用いる。220〜250gもある切身がドーンと入り、鮭弁好きを満足させている。鮭は無塩のものにこだわり、店で味つけする。身がぶ厚いため、表面と中心で異なる味わいが楽しめるのも特徴だ。

Menu Data>>>

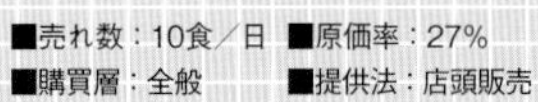

■売れ数：10食／日　■原価率：27%
■購買層：全般　■提供法：店頭販売

Take-out Menu
103

ブリと鮭の照り焼き弁当 800円

Menu Data>>>

■売れ数：15〜20食／日　■原価率：27%
■購買層：全般　■提供法：店頭販売

Take-out Menu
104

焼き魚を2種組み合わせる
目からうろこの価値づくり

ブリの照り焼きに、鮭ハラスの照り焼きを。同じく、とろさばの塩焼きに、鮭ハラスの塩焼きを追加した、豪華な焼き魚弁当。2種の焼き魚を組み合わせる、意外にありそうでない発想法が光る。とろさばとは、脂ののったマサバのこと。食欲をそそる独自のネーミングをつけて、お客の関心を誘う。

Menu Data>>>

■売れ数：15〜20食／日　■原価率：27%
■購買層：全般　■提供法：店頭販売

とろさばと鮭ハラス焼き弁当 700円

大阪・吹田市

中国料理　温故知新

■住所／大阪府吹田市山田東1-2-16
■営業時間／11：30〜14：00L.O.　17：30〜22：00L.O.
■定休日／火曜日
■客単価／昼1000円、夜2500円
■テイクアウト客単価／800円
■調理／平岡 知幸

皮付き豚の塊肉が、大迫力の看板商品！

Take-out Menu
105

▶調理ポイントの紹介はP144

黒酢のトンポーロー

980円（※写真は調理例）

開業後すぐにテレビで取り上げられて看板商品に成長。箸で切れる柔らかさと塊で提供するダイナミズムが評判に。店内では約150g〜170gをつけ、冷凍自販機では約150g前後で販売。店内ではタレを黒酢（1300円）または醤油ダレ（1160円）を選ぶことができる。最初は湯煎調理を推奨していたが、途中からより簡単な電子レンジ調理にしている。

Menu Data>>>

■売れ数：1日3個	■原価率：30%
■購買層：主婦、男性一人客など	■提供法：冷凍自動販売

冷凍自販機「ど冷えもん」を導入

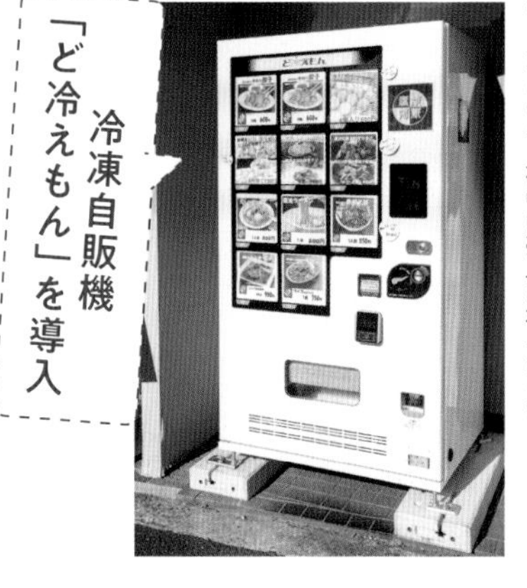

「ど冷えもん」と真空包装機は㈱GABARAからリース。店内に設置する冷凍庫は新たに導入した。周囲は住宅街で、夜は真っ暗になる幹線道路沿いにあるが、「ど冷えもん」があることで明るく目立ち、宣伝効果抜群だという。売れる時間帯は主に昼だが、夜中の利用も少なくない。最近「ど冷えもん」をライトアップしたところ、夜中の売上が増えたという。

山椒の香りと炙りレア叉焼が評判の大人味

Take-out Menu

106

大人の担々麺　850円（※写真は調理例）

ネギ油を作る際に出る花山椒をたっぷり加え、3年熟成の豆板醤を使う。シビ辛く、奥深い味が評判だ。店内では野菜や煮卵が付いて、仕上げにネギ油もかけて920円で提供する。

▶調理ポイントの紹介はP145

Menu Data>>>

■売れ数：1日8個〜10個
■原価率：30%
■購買層：主婦、男性一人客など
■提供法：冷凍自動販売

冷凍自販機では、スープ約300cc、麺135g、炙り叉焼、ミンチ肉、国産山椒、辣油をセットに。1箱にまとめている。

大阪・吹田市の住宅街にある『温故知新』はオーナーシェフの平岡知幸氏が2013年に開業。広東料理と四川料理中心の人気店だ。平岡氏が冷凍自販機「ど冷えもん」の導入を決めたのは昨年8月。冷凍商材のセレクトショップ㈱GABARAからの誘いだった。興味を持って導入し、同社と共に冷凍商品を開発した。

例えば、エビを使う料理はレンジアップすると乾燥するため、卵白にくぐらせてから調理して冷凍するなど、店の味を再現するための工夫を重ねた。価格帯も最初は餃子15個1000円だったが、10個600円にしたところ売れるようになり、手頃さや個食対応の需要を考慮している。

また当初は看板商品の辛い料理が多かったが、お客の声から子供が食べられる「醤油ラーメン」500円を売るなど改良を重ね、開始から4か月で自動販売機の売上が日商1万円前後に。今後はさらに冷凍商品の卸売りもスタートする予定だ。

「ど冷えもん」専用ボックスを導入

プラスチック製のフードパックにラップ紙を巻く包装だと、時折自動販売機内で引っかかってうまく落ちてこないトラブルがあるという。そこで㈱GABARA開発の紙製ボックスを導入。冷凍自動販売機に入る最大のサイズを確保しつつ滑りのいい材質で製造しており、このボックス内に入る料理のサイズや量、冷凍時の形状を工夫することでパーツが細かい商品も販売できる。

おかず需要に応えた、うれしい2品セット

温故知新おかずクラブ 肉だけ酢豚&豚茄子味噌 2食980円 (※写真は調理例)

お客の声に応え、2品セットに。電子レンジ調理を推奨するが、野菜の火通りが難しいと判断し、「肉だけ酢豚」はタレを絡めた豚の唐揚げを真空冷凍。「豚茄子味噌」は豚肉とレンジアップでも美味しく食べられるナスの味噌炒めを真空冷凍し、自宅で好みの野菜を入れてもらうミールキット感覚のセットにした。

Menu Data>>>

- ■売れ数：1日5個
- ■原価率：30%
- ■購買層：主婦、男性一人客など
- ■提供法：冷凍自動販売

各品200g~220g入り。電子レンジ加熱で肉が縮みやすいことから酢豚に入る豚の唐揚げは大きめにカットしている。

おかずクラブ
豚バラ茄子味噌炒め
&肉だけ酢豚

早い、簡単、うまいの三拍子。 今宵の救世主。

（召しあがり方） 電子レンジ

①豚バラ茄子味噌の袋に切れ込みを入れて耐熱容器にのせ500Wで3分30秒ほど加熱してお召し上がりください
②酢豚の袋に切れ込みを入れて、耐熱容器にのせ500Wで7分ほど加熱してお召し上がりください。
（時間は目安です）

名称	豚バラ茄子味噌と酢豚（冷凍）
原材料	豚肉、茄子、味噌、醤油、みりん、酢、植物油、豆板醤砂糖、一味、チキンスープ
内容量	2食分 約450g（加熱用食品）
賞味期限	2022年 3月31日
保存方法	−18℃以下で保存ください
製造者	温故知新 平岡知幸 吹田市山田東1-2-16

成分表示と食べ方の説明表は、成分表を平岡氏が㈱GABARAに送ると作ってくれるシステム。

真空包装機は「ど冷えもん」と共に、リースする大和冷機工業㈱のD・pack。熱い料理も真空包装できるホットパックのため、店の味をそのまま閉じ込めて届けられる。

東京・世田谷区

壺ほるもん

■住所／東京都世田谷区桜3－7－15
■営業時間／18：00～23：00（L.O.22：00）、土日祝14：00～22：00（L.O.22：00）
■定休日／水曜
■規模／13坪・22席
■客単価／3500～4000円
■テイクアウト客単価／1000円前後
■経営／アンラス㈱
■調理／奥野和博

＼Take-out Menu／
108

Menu Data>>>
■売れ数：5食／日
■原価率：35％
■購買層：1人客
■提供法：デリバリー

専門店らしい厚切りハラミ 濃厚タレも食欲をそそる

ハラミ丼　1200円

注文ごとに切りつける牛ハラミは一人前120ｇ。アメリカ産のハンギングテンダーを使用している。やわらかく旨みの強い部位の特色を活かすため、厚切りにカットし食べ応えを工夫。スライス玉ネギとともに肉を炒め、醤油ベースの焼肉用のタレを絡めてご飯の上にのせる。キムチ、刻みネギ、白ゴマをふる。

丼用に用意した専用容器を使用。ボリュームたっぷりの商品が納まるように容量が大きめのものを選択。

Take-out Menu

109

5種以上の部位を盛り込み和牛ホルモンの魅力を堪能

ミックスホルモン丼　980円

牛ホルモンは、一頭買いで仕入れる証明書(個体識別番号)付きの和牛ホルモンを使用。これを丼にした一番人気商品だ。ホルモンはその日の在庫を見て、牛や豚の5種類以上の部位を組み合わせ合計180gを使用。多彩な味を楽しんでもらいつつロス防止にも役立てている。注文ごとにカットして炒め、ご飯に合う濃厚な味わいに仕上げた、もみダレベースのオリジナルの辛味噌で調味する。

地元常連客を中心に、地域密着型の経営で成功してきた『壺ほるもん』。ウーバーイーツには数年前に登録済みで、コロナ禍を受け2020年4月からいち早くデリバリー・テイクアウトに参入した。

店の看板商品である和牛のホルモンを活用した弁当や丼を取り揃え、店を応援したいという常連客の思いもあり大ヒット。9月、10月にはデリバリー・テイクアウトで月30万円を売り上げる。しかし調理担当者が店長一人という体制もあり、イートインのお客が戻ってきた後は店内営業の忙しい時間帯を外して注文を受け付け、限定10～20食程度で打ち切るなど工夫をこらし、店内営業と両立させてきた。

コロナ禍が長引き日常化してくると、お客の嗜好にも変化が生まれてくる。立地的にもいまはライトに食べられるものが求められていると感じた同店では、2021年2月からウーバーイーツを丼ものに絞り込んだ。現在はお客が戻ってきたイートインに注力し、デリバリーは休止、テイクアウトを縮小運営中。

Menu Data>>>

■売れ数：15食／日
■原価率：20%
■購買層：1人客
■提供法：デリバリー

ブッフルージュ
BOEUF ROUGE

■住所／千葉県木更津市大和1-8-3
■営業時間／16：00～23：00（L.O.22：00）
■定休日／月曜
■客単価／6200円
■テイクアウト客単価／2万3000円
■テイクアウト客数／70組／月
■調理／高根澤純
■経営／㈱ごはんクリエイト

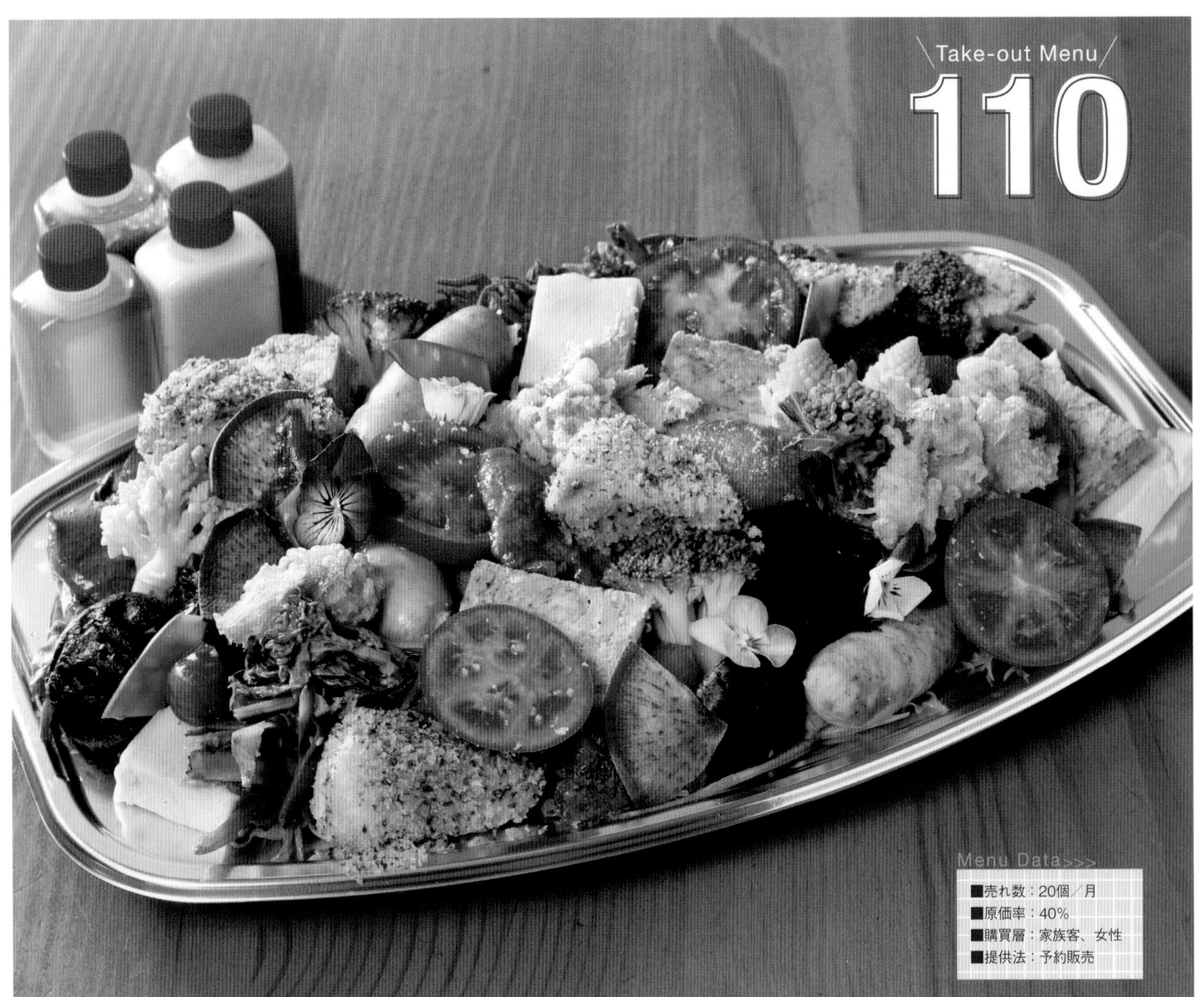

ボリュームたっぷりの、オードブル感覚のサラダ

蓋が閉まらないご馳走サラダ　2980円

コロナ禍で多くの店が肉や魚を主役にした“ご馳走弁当”を開発する中、お客はそういうのはもう食べ飽きたのではと考え、視点を変えて脇役のサラダを主役に据えた商品。コンビニのサラダは、決して安くはないのに売れる、それなら豪華な内容なら高めの値づけも可能だろうと判断。肉料理も取り入れて、オードブルとしても楽しめるご馳走サラダに仕立てている。シーザー、和風、ゴマ、レモンとオリーブオイルの４種のドレッシングを付け、いろんな味を楽しんでもらう。

※価格は全て税抜

Take-out Menu

111

“ワインに合う煮魚”として アクアパッツァを商品化！

アクアパッツァ　1280円～2980円（写真は1680円）

Menu Data>>>

■売れ数：30個／月
■原価率：30%
■購買層：女性、カップル客、女子会
■提供法：予約販売

一般に弁当やオードブルは揚げものの使用が多く、煮魚は少ない。また、家庭でも作られる機会が減っており、そこに需要があると着目。“ワインに合う煮魚”として商品化したところ、評判を獲得する。使用する魚で価格が異なり、中でも写真のホウボウを用いることが多い。盛りだくさんの野菜はオリーブとミニトマトが固定で、その他はロマネスコ、ブロッコリー、新玉ネギ、フキノトウ、菜の花など、その時々で変化。

テイクアウトの取り組みは売上の確保以外にも、様々な狙いと効果がある。『BOEUF ROUGE』では、予約販売のスタイルでテイクアウトを行なう他、コロナ禍で思うように営業できなかった時は弁当を販売するイベントなどにも積極的に参加し、知名度アップに努めてきた。

同店の弁当は、地元食材の使用を基本とし、生産者の支援を大きな目的とする。米も店内で用いるものとは変え、地元の「ゆうだい21」を採用。この米は、炊きたてはもち米のようにモチモチし、冷めてもその食感の劣化が少ないのが特徴だ。同時に弁当を通して、地元のおいしい食材に触れてもらうのも目的の一つ。

味つけは店内の料理より、塩分を強めにする。これは、冷めた状態で食べると、塩分を感じにくくなるため。また、「いろんな複雑な味が混ざり合うと、おいしさが強調される」と考え、甘い、酸っぱいといった要素を盛り込むように心がけている。同店を経営する㈱ごはんクリエイトは、他に『ごくりっ』も営業。テイクアウトは両店〝合同営業〟の形でアピールし、どちらの店舗からでも両店のメニューを注文できるようにしている。

2店舗“合同営業”のスタイルで対応する

テイクアウトメニュー

※全て税抜き表示となっております。

【おさかな】

◎日替り握り寿司	9貫	1980円
	45貫	10000円
・刺し盛り	2人前	1880円
・ごくりっのちらし寿司		1980円
・ごくりっの太巻き		980円

【お肉】

◎合鴨ロース煮	1680円
・合鴨ロース重	1980円

【お惣菜】

◎ごくりっ名物ハムカツ		780円
・耕すの平飼い卵のだし巻き	1本	680円
	ハーフ	380円
・和食屋さんのエビチリ		980円
・イカと里芋の炊き合わせ		680円
・茄子オランダ煮		580円
・筑前煮		580円
・ひじき煮		380円
・地元野菜のきんぴら		380円
・蕪べったら漬け		280円

その日の海と畑で食材が変わります。
Instagram、Facebook、お電話でお気軽にお問い合わせください。
ごくりっ　木更津市大和2-2-16　0438-40-5182

営業時間　15:00(日曜のみ12:00)～20:00 ※時間外もご相談下さい。

『BOEUF ROUGE』『ごくりっ』と、店ごとにテイクアウトメニューを揃えるが、どちらの店舗で注文しても、もう1店舗のメニューも併せて頼めるようにし、使い勝手のよさを高めている。

Take-out Menu

112

こだわりの地域食材使用の彩り鮮やかな"のっけ弁当"

地域食材の彩り弁当　1680円

商品名のとおり、千葉県の生産者が手がけた食材を使用したおかずを、彩りよくごはんに10種ほど盛りつけた弁当。内容は、木更津の恵みポークと地元野菜の炊き込みご飯、君津産鹿肉のジブ煮、富津産フキノトウの天麩羅、君津産里芋の黒煮、拓さんのサワラ香草パン粉焼き、等々。同店の弁当は基本、ごはんにおかずをのせるスタイルで、この盛り方だと食材の水分やタレなどがごはんになじんで保湿され、固くなりにくい。できたてなら保温性もあり、いいことづくめである。

Menu Data>>>

■売れ数：100～400個／月
■原価率：40%
■購買層：法人、ロケ弁、家族客
■提供法：受注調理

Take-out Menu

113

ニンニクのクセになる味でワインがすすむと大好評

八千代黒牛のガーリックライス　880円

店内でも提供して人気のガーリックライスを、テイクアウトメニューにも導入。みじん切りしたニンニク、ごはん、ホウレン草などの青野菜を牛脂で炒め、塩、黒胡椒、濃口醤油で味つけし、容器に盛る。甘辛く煮込んだ八千代黒牛の牛すじ、ガーリックチップをのせてステーキソースをかけ、長ネギをちらす。ワインがすすむ、ガツンとパンチのきいたクセになる味で、冷めてもおいしいと好評だ。

Menu Data>>>

■売れ数：40個／月
■原価率：35%
■購買層：家族客、単身者
■提供法：受注調理

泰山

■住所／愛知県名古屋市中区栄3-28-119
■営業時間／11：45〜14：30、17：30〜20：30
■定休日／火曜・水曜
■規模／約13坪・22席
■客単価／1200円
■テイクアウト客単価／1000円
■テイクアウト客数／5〜10人
■経営／㈲ピーオーエム

Take-out Menu

114

Menu Data>>>

■売れ数：1〜5食
■原価率：非公開
■購買層：会社員・学生・家族客など
■提供法：予約販売・受注調理

一番人気の黒豚角煮は見た目のインパクトも抜群！

黒豚角煮弁当　1000円

高コスパな“肉定食”の店で一番の人気メニュー「黒豚角煮」は、テイクアウトメニューでも強い人気を保っている。黒豚の角煮は仕上がりで1人前100g以上になるため食べ応えがあり、味がしっかり染みているので麦入りごはんとの相性も抜群。冷めた状態やレンジで温め直しても味の劣化が少ないことや、見た目のインパクトが強烈なことが、リピーター獲得につながっている。

黒豚のバラ肉を大きなブロックで仕入れ、丸2日間かけて仕込む角煮。バラ肉は赤身と脂身のバランスを考慮し、長い形状にカットする。

\Take-out Menu/

115

とろろや豚汁が付加価値アップ

店内飲食では「黒豚角煮定食」1200円などの定食に大和芋のとろろや豚汁が付くため、弁当との価格差を感じさせない。

肉厚の黒豚ロース肉をごはんが進む味付けに

黒豚ロース生姜焼弁当　900円

大判で肉厚の黒豚ロース肉を1人前に3枚使用。自家製の生姜焼き用タレで香ばしく焼き上げ、甘辛く仕上げており、イートインでは特に男性からの人気が高いメニュー。麦ごはんは1人前220g前後の量を枠いっぱいに詰めており、見た目以上の満足感を与える。

Menu Data>>>

■売れ数：1～5食　■原価率：非公開
■購買層：会社員・学生・家族客など　■提供法：予約販売・受注調理

\Take-out Menu/

116

大ぶりの特製シュウマイでプラスα需要を獲得

シュウマイ　500円

シュウマイは黒豚・小籠包風・グリーンピースなど4種類・5個が入り、もう一品足したいというおかず需要を捉えるボリュームと価格を工夫。店内飲食では複数人でシェアするお客が多く、弁当を購入するお客の注文率も高い。

Menu Data>>>

■売れ数：1〜5食　■原価率：非公開
■購買層：会社員・学生・家族客など
■提供法：予約販売・受注調理

２０２２年4月16日に16周年を迎えた『泰山』は、プロが目利きした肉をリーズナブルな定食スタイルで提供する人気店。名古屋有数の繁華街・栄の細い路地に位置しながら、ランチタイムや週末は行列が絶えないほど幅広い客層を獲得し続けている。

同店はコロナ禍以前にもテイクアウトを実施していたことがあり、冷めても味や食感の劣化が少ない商品は把握済み。２０２０年春にテイクアウトの再開を決めた際もメニューの選択に迷うことはなかった。店内で提供しているメニューと仕込みから調理までのオペレーションが同じこともあり、スタッフの負担もほとんど増えることはなく、スムーズに導入できた。

メニューに記載していなくても店の定食・単品メニューにあれば注文に対応している。温め直し方のアドバイスを伝えておいしく食べてもらう配慮や、ハンバーグの付け合わせの温泉卵を目玉焼きにするなど、テイクアウトに適した変更も好評。各商品に固定ファンをもつ同店らしい対応だ。

※撮影時は6個で撮影。現在（2022年3月時点）は5個・500円

自然派中華 cuisine

■住所／兵庫県神戸市東灘区本山南町5-1-30　寺田ビル
■営業時間／11:30〜14:30（14:00L.O.）、18:00〜22:00（21:00L.O.）
■規模／25坪・26席
■客単価／昼1500円、夜4000円
■テイクアウト客単価／昼2000円、夜6000円
■テイクアウト客数／昼平均1日10名、夜4名前後
■経営・調理／芝田恵次

Take-out Menu
117

Menu Data>>>
■売れ数：100食／月
■原価率：35%前後
■購買層：30〜60代男女
■提供法：受注生産

オーダーメイド感覚も好評。クチコミで100食を販売

オードブル　6500円〜（写真は3人前）

店の宣伝と位置付けた価格に。料理は容器に合わせて6品以上を盛り、好みやアレルギー、人数に合わせたり、リピーターには別の料理を詰めたり柔軟に対応。オーダーメイド感覚が評判を呼んだ。2回目以降の注文で容器を持ち込むと300円オフになるサービスも。味付けや素材は店と同様、麻婆豆腐は油が流れないよう辣油を控え、かわりに辣油の具を加えてコクを出した。6500〜14000円まで予算に合わせた内容と量で、月間100食を売った。

店の単品も全てテイクアウト可
各品に、細やかな配慮が

Menu Data>>>

■原価率：35%前後　■購買層：30〜60代男女
■提供法：受注生産

Take-out Menu 118

Take-out Menu 119

(上) トマトと卵の炒め　えび入り　1350円
(下) 酸辣湯麺　1100円

中国料理の定番、トマトの卵炒めにもスナップエンドウや子持ち高菜を加えるなど、季節の野菜をプラス。味付けは塩または醤油を選ぶことができ、プラス350円で海老入りにできる。「酸辣湯麺」は蒸し鶏や溶き卵、パクチーを加えた清湯ベースのスープをたっぷり600cc。大阪の「森製麺」から仕入れる全粒粉を配合した太麺も140gつける。スープのみは900円で販売。

化学調味料不使用で、野菜を多用した中国料理を提供する『クイジン』。それまで希望者に向けて提供していたテイクアウトメニューだが、2020年3月から弁当をスタート。4月末には店舗営業を休止して、昼は弁当、夜はオードブルのテイクアウトに絞ったところ、クチコミで広がり、月商250万円を達成した。

1回目の緊急事態宣言後に提供した写真下の「オードブル」は店舗営業が休みだったぶん柔軟に応じたが、2021年1月からは、店舗営業をしつつテイクアウトも行なったため「おまかせの料理を考える時間が取れない」と、単品のメニュー表から好みの料理を選ぶシステムに。その分、例えば「海老のチリソース」1200円は海老2尾追加ごとに+200円、「鴨ローストクレープ添え」2000円はクレープ1枚追加+100円。料理が2倍量だと最大500円お得にするなど、細やかなサービスで差別化。また弁当は新規客も掴み、現在は店内飲食と弁当を併せ、1日40〜60食を売る。

Take-out Menu
120

週替わりランチ弁当で新規客を獲得

Menu Data>>>

■売れ数：最大720食／月　■原価率：35%前後
■購買層：30～60代男女　■提供法：受注生産

こだわりランチ弁当　1000円

店内ではサラダ、ご飯、スープ付1350円で提供する「こだわりランチ」を弁当に。内容は週替わりで主菜、副菜、点心、漬物を詰める。写真は回鍋肉、ブロッコリーのムース、ハムスイコー。「家で食べるならご飯は詰めず、その分、低価格に」と、ご飯は希望者に＋100円、スープ＋200円とカスタマイズできるサービスも好評だ。新規客を掘り起こし、最大で月間720食を販売。

「選べるオードブル」をわかりやすくメニューチラシに

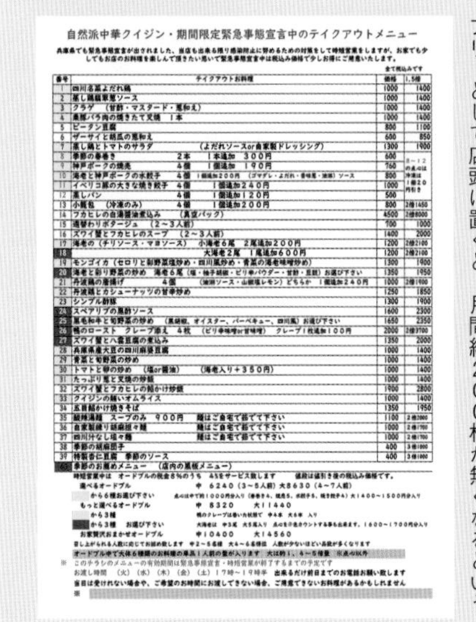

自然派中華クイジン・期間限定緊急事態宣言中のテイクアウトメニュー

兵庫県でも緊急事態宣言が出されました、当店も出来る限り感染防止に努めるための対策をして時短営業をしますが、お家でも少しでもお店のお料理を楽しんで頂きたい思いで緊急事態宣言中は税込み価格で少しお得にご用意いたします。

全て税込みです

番号	テイクアウトお料理	価格	1.5倍
1	四川名菜よだれ鶏	1000	1400
2	蒸し鶏翡翠葱ソース	1000	1400
3	クラゲ（甘酢・マスタード・葱和え）	1000	1400
4	黒豚バラ肉の焼きたて叉焼　1本	1000	1400
5	ピータン豆腐	800	1100
6	ザーサイと胡瓜の葱和え	600	850
7	蒸し鶏とトマトのサラダ　（よだれソースor自家製ドレッシング）	1300	1900
8	季節の春巻き　2本　1本追加　300円	600	8～12の点心は冷凍は1個20円引き
9	神戸ポークの焼売　4個　1個追加　190円	760	
10	海老と神戸ポークの水餃子　4個　1個追加200円　（ゴマダレ・よだれ・香味葱・油淋）ソース	800	
11	イベリコ豚の大きな焼き餃子　4個　1個追加240円	1000	
12	蒸しパン　4個　1個追加120円	500	
13	小籠包　（冷凍のみ）　4個　1個追加200円	800	2個1450
14	フカヒレの白湯醤油煮込み　（真空パック）	4500	2個8000
15	週替わりポタージュ　（2～3人前）	700	1000
16	ズワイ蟹とフカヒレのスープ　（2～3人前）	1400	2000
17	海老の（チリソース・マヨソース）　小海老6尾　2尾追加200円	1200	2倍2100
18	大海老2尾　1尾追加600円	1200	2倍2100
19	モンゴイカ（セロリと彩野菜塩炒め・四川風炒め・青菜の海老味噌炒め）	1300	1900
20	海老と彩り野菜の炒め　海老6尾（塩・柚子胡椒・ピリ辛パウダー・甘酢・豆豉）お選び下さい	1350	1950
21	丹波鶏の唐揚げ　4個　（油淋ソース・山椒塩レモン）どちらか　1個追加240円	1000	2倍1900
22	丹波鶏とカシューナッツの甘辛炒め	1250	1850
23	シンプル酢豚	1300	1900
24	スペアリブの黒酢ソース	1600	2300
25	黒毛和牛と旬野菜の炒め　（黒胡椒、オイスター、バーベキュー、四川風）お選び下さい	1650	2350
26	鴨のロースト　クレープ添え　4枚　（ピリ辛味噌or甘味噌）　クレープ1枚追加100円	2000	2倍3700
27	ズワイ蟹と八宝豆腐の煮込み	1350	2000
28	兵庫県産大豆の四川麻婆豆腐	1000	1400
29	青菜と旬野菜の炒め	1000	1400
30	トマトと卵の炒め　（塩or醤油）　（海老入り＋350円）	1000	1400
31	たっぷり葱と叉焼の炒飯	1000	1400
32	ズワイ蟹とフカヒレの餡かけ炒飯	1900	2800
33	クイジンの賄いオムライス	1000	1400
34	五目餡かけ焼きそば	1350	1950
35	酸辣湯麺　スープのみ　900円　麺はご自宅で茹でて下さい	1100	2倍2000
36	自家製練り胡麻担々麺　麺はご自宅で茹でて下さい	1000	2倍1700
37	四川汁なし担々麺　麺はご自宅で茹でて下さい	1000	2倍1700
38	季節の胡麻団子	400	3個1000
39	特製杏仁豆腐　季節のソース	400	3個1000
40	季節のお薦めメニュー　（店内の黒板メニュー）		

時短営業中は　オードブルの税金8%のうち　4%をサービス致します　価格は値引き後の税込み価格です。

選べるオードブル　中　6240（3～5人前）大8630（4～7人前）

から6種お選び下さい　点心は中で約1000円分入り（春巻き4、焼売5、水餃子5、焼き餃子4）大1400～1500円分入り

もっと選べるオードブル　中　8320　大11440

から3種　鴨のクレープは巻いた状態で　中4本　大6本　入り

から3種　お選び下さい　大海老は　中3尾　大5尾入り　点心を2色カウントする事も出来ます。1600～1700円分入り

お家贅沢おまかせオードブル　中10400　大14560

召し上がられる人数に応じてお詰め致します　中2～5名様　大4～6名様位　人数が少ないほど品数が多くなります

オードブル中で大体6種類のお料理の単品1人前の量が入ります　大は約1、4～5倍量　※点心以外

※　このチラシのメニューの有効期間は緊急事態宣言・時短営業が終了するまでの予定です

お渡し時間　（火）（水）（木）（金）（土）17時～19時半　出来るだけ前日までのお電話お願い致します

当日は受けれない場合や、ご希望のお時間にお渡しできない場合、ご用意できないお料理があるかもしれません

※

単品のメニュー表。現在の「オードブル」は黄色印から6品、または黄色印から3品、赤印から3品チョイス。同表はテイクフリーとして店頭に置くと、月間約200枚が無くなるという。

季節の野菜を多用し彩りとボリュームアップ

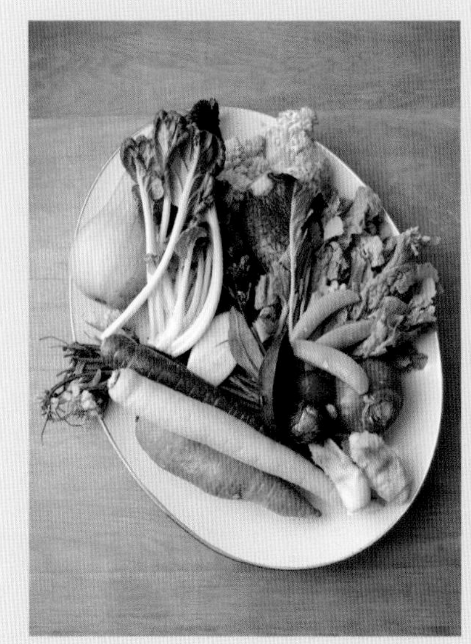

調味料や国産素材にコストをかける分、野菜は神戸市内の産直市場やショップに足を運び、旬の素材を低価格で仕入れるよう努める。彩りのある珍しい野菜も多用する。

神楽家

■住所／愛知県名古屋市東区東桜1-10-6
■営業時間／11：30～14：30、18：00～22：00
■定休日／不定休
■規模／約90坪・96席
■客単価／昼1000～7000円、夜8000～2万円
■テイクアウト客単価／2200円～
■経営／㈱リブレ
■調理／川副広継

Menu Data>>>

■売れ数：非公開
■原価率：非公開
■購買層：近隣会社員、家族客、主婦層、法人など
■提供法：予約販売

Take-out Menu

121

開ける楽しみも追求した贅沢感を満たす懐石弁当

懐石弁当 神楽玉手箱 5400円

上段が旬の海・山の幸や野菜などを用いて多彩な調理法で仕上げた懐石料理の詰め合わせ、下段は鰻や穴子、イクラなどの魚介をふんだんに使ったちらしずしという二段構成。どちらもホテルの日本料理店や『なだ万茶寮』などで研鑽を積んできた料理長・川副氏が丁寧に作り上げる。家族での祝いの席で幅広く利用されている。晩酌使いなどの需要を見越して、上段のみ「小玉手箱」（3240円）としても販売。

「懐石弁当 神楽玉手箱」の上段・懐石詰め合わせは、透明な容器に盛り付けてから紙のパッケージに収める。容器内には二段で盛り付け、ひと口食べた時の下段への期待を高める。

※価格は全て税込

銘柄牛や季節の食材を使った懐石を提供する、日本庭園を有した料亭『神楽家』。1985年の開業以降、日常のランチから冠婚葬祭の席などで幅広く利用されている。

コロナ禍以前も大口注文に限り弁当などを提供してきたが、昨年より弁当や祝い膳、鍋セットなど本格的にテイクアウトを展開。初回の緊急事態宣言時はランチ時に店頭での弁当販売も行なった。

SARSが感染拡大した2003年頃、代表取締役の日下智重子氏は台湾のホテルに勤務しており、感染症拡大時におけるテイクアウトの重要性を肌身で感じていた。そのため今回のコロナ感染症を知った際にはすぐにテイクアウトの準備に取り掛かった。

そして「こんな時だからこそ少しでも明るい気分になってほしい」と、内容や盛り付けの試作、容器・品名の熟考を重ねて完成したのが「神楽玉手箱」だ。〝写真を撮りたくなる・人に話したくなる〟ビジュアルと豪華な内容は口コミで広まり、同店のテイクアウトの周知にひと役買っている。

自慢の食材・黒毛和牛をリーズナブルな価格帯で

黒毛和牛弁当 2200円

薄切りの黒毛和牛と玉ネギを、この商品用に開発した特製ダレで焼き上げた。男性から人気が高い。特製ダレは玉ネギやフルーツを大量に使ったソースのベースに醤油やだしで塩味を加え、食が進む味に仕上げている。椎茸、しし唐、赤・黄のパプリカを彩りにあしらい、2種類の漬物を添える。良質な肉を使うことで、冷めても柔らかな食感が保てる。

Menu Data>>>

■売れ数：非公開
■原価率：非公開
■購買層：近隣会社員、家族客、主婦層、法人など
■提供法：予約販売

Take-out Menu

123

三河一色産の鰻を仕入れ 使う分を店で毎朝捌く

鰻弁当（上） 4200円

Menu Data>>>

■売れ数：非公開
■原価率：非公開
■購買層：近隣会社員、家族客、主婦層、法人など
■提供法：予約販売

店内飲食でも提供しているため、専門店に劣らない数を捌き、焼き上げてきた技術力が光る。継ぎ足しのタレの奥深さや三河一色産の鰻のふっくらした身の仕上がりに定評があり、ファンも多い。写真の「上」は肝付きで、半身＋肝無しの「並」（3300円）も用意。

“料亭らしさ”を演出する華やかな容器やお品書き

神楽玉手箱 御献立

壱の重
一、蒸し鮑串
一、車海老艶煮
一、のどぐろ西京焼
一、鹿児島牛香味焼
一、銀鮭西京焼き
一、帆立貝柱文化揚げ
一、三河赤鶏山椒煮
一、真蛸足柔らか煮
一、筍土佐煮
一、姫トマトオリーブ和え
一、巻き湯葉含め煮
一、小芋白煮
一、出し巻卵
一、福豆
一、きんとん餅
一、とちおとめ みかん
一、はじかみ

弐の重
蟹ちらし寿司
三河産穴子 鰻
いくら 錦糸卵
椎茸 干瓢
海苔 胡瓜 がり

「神楽玉手箱」は容装も魅力。雅な柄に高級感が漂う不織布の巾着は2つを重ねて収められるサイズ。上段に使う紙パッケージは、上部を折り込むと放射状に内面の金色が広がるデザインになっており、開ける前から気持ちが高まるものを選んだ。

大阪・谷町六丁目

イル チェントリーノ
il Centrino

■住所／大阪府大阪市中央区瓦屋町1-2-2
■営業時間／12：00～13：00L.O.　18：00～21：00L.O.
■定休日／日曜、不定休
■規模／1F10坪・8席、2F0.5坪・6席
■レストラン客単価／昼8000円、夜1万7000円
　テイクアウト客単価／EC6500円、店頭販売約3000円
■調理／北口 智久

Take-out Menu
124

a Casa
Porpetta al Marsala con tartufo
煮込みハンバーグ　マルサラと黒トリュフ

Menu Data>>>
■原価率：30％～35％
■購買層：ファミリー
■提供法：EC、店頭販売

ミシュラン星付き店の取り寄せ品としてヒット

煮込みハンバーグマルサラと黒トリュフ　1500円

「レストランらしい料理を」とECスタート時から用意する人気メニュー。牛2対豚1で配合する合挽き肉は、当初極粗挽きの牛肉を配合してご馳走感を出していたが、「湯煎で再加熱した時に塊肉ほど固くなることが分かり、改良した」とオーナーシェフの北口智久氏。現在は細挽きにして湯煎しても口当たりの変わらない滑らかな食感にする。トリュフオイルとマルサラ酒を加えた香り高いソースは、購入客が加熱した時に分離しないようコーンスターチを加えてつないでいる。

ECサイトは手数料10％の「食べログモール」を利用。閲覧数が多く、新規顧客を獲得することが多い。現在の売上比はEC７割で店頭販売３割。

ギフト対応の包装も用意。箱はクラフト紙製のシンプルなもの。既存サイズの箱を大中小3サイズ用意し、緩衝材を入れてオリジナルで作った「a Casa」のシールを貼る。食べ方の説明やお礼状カードも同梱している。

自宅用に好調なパスタソースは自家製麺ありなしを選択

エビとレモンのクリームソース（自家製麺タリアテッレ付き）

1480円

エビのトマトクリームの仕上げに、レモンの皮を加えるイタリア・ナポリの郷土パスタをアレンジし、レモンの皮を削り入れて風味豊かに。エビもふんだんに加えご馳走感を出した。ソースは150gとたっぷりつけ、80gつける自家製生パスタは、生パスタなしの「ソースのみ」（1080円）も販売。家族客に人気でギフトに利用しやすく、一番の売れ筋だ。

Menu Data>>>

■原価率：30%～35%
■購買層：ギフト利用、ファミリー
■提供法：EC、店頭販売

Takeout Menu／125

Take-out Menu
126

レストランの通販に珍しい魚料理もラインアップ

北イタリアの郷土料理をモダンに仕立て、ミシュラン1つ星を獲得する『イル・チェントリーノ』。補助金の一部を利用して2020年の10月にECサイト「a Casa」を開設した。また通販用料理の厨房にする工房も借り、4カ月ごとにメニューを変え、前菜、パスタ、メインなど約20品を販売する。

スタート直後はレストランらしさを打ち出し、高級素材を使ったコース仕立てのセット8000円～を冷蔵発送で販売していたが、オペレーション面とお客の利用動機から改良を続け、現在は単品を冷凍で発送。メニューも肉の量を以前より減らすなどして1品1000円～1600円前後に。〝家呑みを応援〟をコンセプトにする。メディアの露出後は爆発的に200食売れたり、緊急事態が明けてレストラン営業が始まると売上が落ちたりするなど、増減を繰り返し「まだ手探り状態」（オーナーシェフ・北口氏）というが、新たなプロジェクトとして月商100万円を目指す。

タスマニアサーモンのパリッと片面焼き　980円

前菜のバリエーションとして提供。レストランでは1人前50g盛るサーモンを、1人前70gとビーツのソース15gをセットに。肉の煮込み料理やパスタ系が多いレストランの通販メニューにおいて珍しい魚料理として喜ばれている。届いたら冷蔵解凍し、皮目を焼いて食べてもらう。

Menu Data>>>

■原価率：30%～35%　■購買層：ファミリー
■提供法：EC、店頭販売

▶調理ポイントの紹介はP146

Take-out Menu
127

dolce

今後を見据えたアテ&スイーツ

ズブリゾローナ ドルチェ 1980円

「ズブリゾローナ」とはポレンタ（トウモロコシ粉）を使うイタリア・ロンバルディア州の焼き菓子。これにフォアグラを挟む店の定番から発展させ、ビターチョコ、ピスタチオ、ラムレーズンのフレーバーがセットになった「ドルチェ」（写真）とワインのアテをイメージしたブルーチーズ、マロン、黒トリュフがセットになった塩味の「コンヴィーノ」を販売。以前は単品売りしていたが、食べやすいよう1個3cm×3cm×厚さ1.5cmに改良。各フレーバー2個ずつ小箱に詰め、デザイン性の高い外箱に入れてギフト利用できるように。通販や店頭販売の他、ワインショップにも卸す。

Menu Data>>>
■原価率：30%～35%
■購買層：ギフト利用、ファミリー、おやつ、おつまみ
■提供法：EC、店頭販売

YouTubeと連動させEC拡充を目指す

2021年秋にEC用商品開発担当の調理師を迎え、2022年3月からは店の至近に借り入れている工房を改装。9坪の厨房と9坪の売り場を整え、オリジナルのズブリゾローナやデリ、仕入れるワインや野菜などを販売する。ゆくゆくはEC商品や持ち帰りのデリにつけるQRコードを読むとYouTubeの調理動画につなげ、より美味しく食べてもらう提案も構想。新たな新事業構築を目指す。

写真上／ECサイトの中でも写真つきでおいしい食べ方を丁寧に説明する。写真右／レストランでは、メニュー表の面表紙と裏表紙にECサイトのQRコードをプリントしてPRしている。

カリーナ カリーナ

■住所／東京都新宿区神楽坂6-66-1
■営業時間／イートイン17：00〜22：00、土日祝12：00〜14：00、17：00〜22：00
テイクアウト　11：30〜20：00頃まで
■定休日／無休
■客単価／イートイン昼2500円、夜4500円　テイクアウト2000円
■経営元／㈱カステリーナ
■調理／荒木友哉

親しみやすく食べ飽きない 常連に人気の総菜メニュー

上：明太子のポテトサラダ　下：ロールキャベツ（トマトソース）

1品あたり600円、2品1000円均一

内容は日替わりで、総菜系のメニューを5〜10種類ほど用意。一品あたり600円、2品で選りどり1000円に設定し、多くの人が複数購入する。「ポテトサラダ」「ロールキャベツ」ともに定番人気商品で、トッピングやソースを変えて飽きさせない。写真上は、皮付きのジャガイモを茹でて潰し、炒め玉ネギ、明太子を合わせ、アンチョビ入りの自家製マヨネーズで調味。写真下は鶏ひき肉ベースでスパイスを効かせたロールキャベツをトマトソースで合わせる。

Take-out Menu

130

専門性と親しみやすさで週末は80食を販売

Menu Data>>>

■売れ数：平日30食、週末70～80食（3種類ほど用意したものの総計）
■原価率：35%　■購買層：全般
■提供法：店頭販売

▶調理ポイントの紹介はP147

ラザニア（トマトソース&ボロネーゼ）　600円

テイクアウト専用として開発した一番人気メニュー。写真は定番人気の「ボロネーゼとトマトソース」で、赤ワインで煮込んだ挽き肉を合わせたベシャメルソースとチーズ、シート状のパスタ生地を7層重ねにして焼き上げたもの。その他にもソースや具材を変えて「カキとエビのラザニア」など旬の素材を組み込んだラザニアを常時3種類ほど提供する。

店頭販売を強化！まとめ買いのお得感を工夫

店舗は土日のみランチ営業を行なっているが、テイクアウトは連日11時半から夜まで店頭で販売。ずらっと見栄えよく商品を並べ、常時販売員が店頭に立つ。興味がありそうな通行人や常連客に声をかけるなど、積極的に売り込む。販売員がいることが安心感につながり、売上アップに貢献している。

都内を中心にイタリアンレストラン6店舗を展開している㈱カステリーナ。コロナ禍に対しては、立地や客層に応じ、テイクアウトや宅配、通販など各店ごとに対策を行なってきた。なかでも住宅地に近い東京・神楽坂『カリーナ　カリーナ』では、早くも2020年5月からテイクアウトに注力してきた。

最初は店売りと同じような専門性の高い内容の商品が中心だったが、コロナ禍が長引くとともに家庭的な総菜系のニーズが高まっていることに気付き、メニューをブラッシュアップ。親しみやすく飽きないが、家庭では出せない味わいを基準に、テイクアウト用のメニューを構成。また一品あたりのボリュームを落とし、多くの商品を2品で1000円均一に設定し、買いやすさとともに複数購入を促した。その後も常連客を飽きさせないようにこまめにメニュー内容を変更しており、多い日には30万円弱を売り上げる人気を継続している。

▶調理ポイントの紹介はP148

ソースたっぷりで満足感を高めたパスタ

左：ウニクリームパスタ　右：牛スジのラグーソースパスタ　1品あたり600円、2品1000円均一

定番から季節メニューまで、専門性の高いソースで満足感を高めたパスタを3種類ほど提供。パスタは一人前あたり50ｇとボリュームを控えめにし、抑えた価格に設定。写真左はトマトソース、生クリーム、アンチョビ、ウニを組み合わせてクリーミーに。右は炒めた牛スジ肉を香味野菜、白ワイン、トマトペーストと5時間以上煮込んでやわらかく仕上げている。

容器は1種類に統一

テイクアウト用の容器は、ほとんど写真の1種類のみを使用。以前は料理ごとに分けたりしていたが、複数購入していくお客が多く、積み重ねて袋に入れやすいようにと統一した。

コロナ禍初期はECサイトにも注力

2020年前半には、ECサイトを活用した通販を開始。中でも自店のスペシャリテである「フォアグラのフラン」を、まったく同じレシピで商品化。1個4800円という価格ながら、多い時には一日40～50個を売り上げる人気で、同店ファンのすそ野を広げた。いまは人気が落ち着き、店の方にもお客が戻ってきているため、店売りに注力し通販は休止中。

仕込み置きと仕上げのバランスを工夫

キッチンスタッフが総出で、イートイン用とテイクアウト用を同時進行で仕込む。テイクアウト用の商品は、多くを前日のうちに作っておき、翌日提供するものが多い。ロールキャベツは前日ほぼ仕込んでおき、当日トマトソースで煮込んで、ソースとともに盛り付ける。

\Cooking details and key points/

人気のテイクアウト 調理&味づくりのポイント

ハンバーグウィルの調理ポイント

モッツァレラチーズハンバーグ　1180円

レストランで出来たてを食べた時のおいしさの再現と、スピード提供を両立させるために調理工程を工夫。ハンバーグ、目玉焼き、ソース以外の部分は事前に仕込み、営業前に容器に盛り付けておく。ハンバーグは焼き上げるところまで仕上げておき、保温用のオーブンで温かい状態をキープ。注文ごとに手早く盛り付ける。

▶メニュー紹介はP006

1 岩中豚の肩ロース、バラ肉、ハラミ、ホホ肉を使用したポークハンバーグ。部位ごとに挽き方を変え、ソテーした玉ネギを多めに使用することで、ふわっとしてやわらかな独特の食感を工夫。営業前にパテを俵型に成型し、240℃の鉄板で焼く。中央に指で穴を開けるのは、肉割れを防ぎ中までしっかり火を通すため。

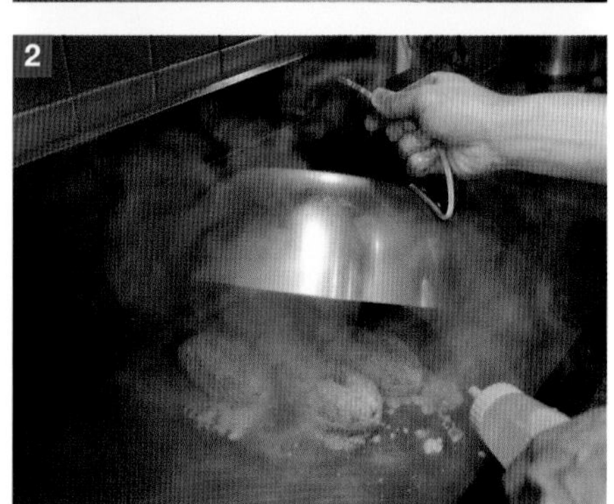

2 約2分焼いて表面に焼き色を付けたら、白ワインをかけて蓋をし、2分間蒸し焼きにする。

3 パテをひっくり返し、再度ワインをかけて蓋をし、2分間蒸し焼きにする。

4 パテをパイ皿にのせ、230℃のオーブンで7分弱加熱。火が通りすぎると固くなるので、6分ほどから火の通り加減をチェックし、ほどよいところで出す。

5

パテを容器に移し、70～80℃ほどのオーブンに入れて保温。温かい状態のままキープする。忙しいランチ営業前にここまでの工程をすませ、ランチ分のハンバーグを見込みで仕込んでおく。あまり長時間保温はせず、ランチ後は少量ずつ仕込みを追加し、出来るだけ焼きたてに近い状態に。

保温用のオーブンで温かさをキープ

6

注文ごとに温めておいたソースをかけ、目玉焼きをのせ完成。別添のご飯は、温かい状態で発泡スチロール製の容器に盛り付けておき、大きな発泡スチロールの中で保管しておくことで温かい状態を保つ。

目玉焼き

ハンバーグには半熟目玉焼きを標準でトッピングする。ハンバーグと同じオーブンで事前に焼いておく。

岩中豚のカルビBOX

980円

ツーオーダーで肉を焼き、温かい状態で提供。銘柄豚である岩中豚の、脂ののったバラ肉のスライスを1人前8〜9枚使用。濃厚なソース味がクセになると評判。味変用のコチュジャン、半熟卵を別添えにする。

▶メニュー紹介はP008

1 豚バラ肉スライスを、熱した鉄板に並べて焼く。

2 しっかり火を通し、ひっくり返してカリッと香ばしく焼き上げる。

3 ソースをフライパンに入れて温めておき、焼き上げた豚バラ肉を加えてソースを絡める。

4 容器にご飯を敷き、その上一面に豚バラ肉を並べる。フライパンに残ったソースを上からかけ、青菜のナムルやタクアンをのせる。

名物 木更津おでん弁当 990円

写真のおでんは、半熟七〇℃たまご、だいこん、とうふ、しらたき、スナップエンドウ、木更津の恵みポークロールキャベツを盛り込んだもの。内容はほぼ固定だが、ロールキャベツがソーセージになったりもする。おでんだけでなく、だし巻き玉子や白菜の浅漬け、トマトなどの日替わりのおかずも加え、楽しみに広がりを持たせている。汁もののため、容器はセパレートタイプのものを使用する。

▶メニュー紹介はP011

うおべぇの調理ポイント

イボキサゴのだしと、真昆布、カツオ節、サバ節のだしを7対3で合わせ、おでんだしを作る。もともと、イボキサゴはあまり使い道のない貝で、何か活用できないかと相談され、試しにだしを取ったところ予想以上においしく、だしの材料に採用したものだ。

小鍋にイボキサゴのだしを入れて加熱し、水溶き片栗粉を加えて銀あんを作る。作業をスムーズにするため、水溶き片栗粉はあらかじめ作って容器に入れておく。

スチコンを活用し、品質と効率を保つ!

コロナ禍で、以前ほど客足が安定しなくなったため、現在はおでんをバットに入れてラップフィルムをし、90℃のスチームで10分間温めて仕上げる。

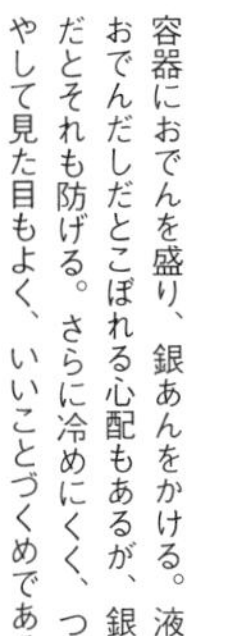

容器におでんを盛り、銀あんをかける。液体のおでんだしだとこぼれる心配もあるが、銀あんだとそれも防げる。さらに冷めにくく、つやつやして見た目もよく、いいことづくめである。

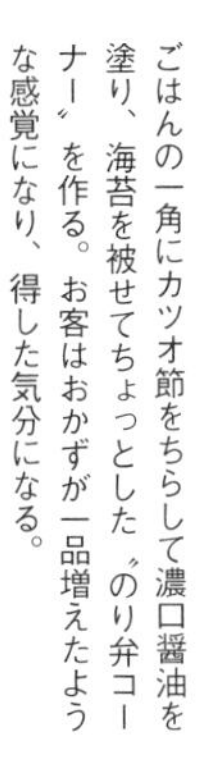

ごはんの一角にカツオ節をちらして濃口醤油を塗り、海苔を被せてちょっとした〝のり弁コーナー〟を作る。お客はおかずが一品増えたような感覚になり、得した気分になる。

お子さま弁当　900円

鯉のぼりをデザインした茶巾すし風のごはんをメインに、子供が大好きなおかずで脇を固める。鶏の唐揚げは、やわらかいモモ肉を使用。お魚ハンバーグは子供の成長を願って、出世魚のワラサを用いる。エビフライは食べやすいように半分に切る。スナップエンドウとトマトで彩りを添える。ごはんに刺す国旗は男の子用のもので、女の子にはハートのピンを用いるなど、巧みに使い分ける。

▶メニュー紹介はP011

ごはんはすし飯に仕上げる。ベースは「うおべぇの海鮮丼」と同じだが、そこに中落ちを有効活用したサクラマスのフレークをプラスし、子供好みの味に仕立てている。

スチコンで薄焼き玉子を作り、省力化。ホテルパンにクッキングシートを敷いて卵汁を流し、ラップフィルムを隙間なく被せて加熱する。人手を取られずにすみ、実に効率的だ。

薄焼き玉子の中央部分にすし飯をのせて左右を折りたたみ、横長の〝茶巾すし〟のような形に仕上げる。薄焼き玉子は子供向けに、甘めの味つけにしている。

横長の〝茶巾すし〟の片側に庖丁を入れて三角に切り、〝鯉のぼり〟のしっぽを作る。キャラ弁風に仕上げ、小さな子供が喜ぶ「こどもの日」ならではの弁当にする。

折りたたんだ薄焼き玉子のとじ目を下にし、弁当の容器に盛る。型で丸く抜いたカマボコに、海苔をちょこんとつけて目玉を作る。さらに、マヨネーズとケチャップをかけ、盛り箸でスッと引いてうろこに見立てる。

オードブル（2～3人前）堪能　6600円

以前は3000円、4000円、5000円（各税抜）の1000円刻みで３種揃えていた。だが、3000円は店の魅力を出しにくく、お客もどれを選べばよいのか決めかねていたため、4400円と6600円（各総額表示）の２種に減らし、価格も2000円差にして違いを明確にする方向に変更。

▶メニュー紹介はP009

うおべぇ　オードブル
・お手軽　四、〇〇〇円
・堪能　六、〇〇〇円
・フルコース　一〇、〇〇〇円
二〇、〇〇〇円
お弁当　他にも色々あります
・木更津おでん弁当　九九〇円
・うおべぇのバラちらし　一六五〇円
日替り　八八〇円～あります

トマトをゴマ油で炒め、ネギダレで味つけするなど、素材感のある料理が特徴。4000円の「お手軽」も揃える（写真は税抜表示当時のもの）。

うおべぇの海鮮丼　1860円

店内で食べるのと変わらぬ魅力を堪能してもらおうと、細かな仕事をした海鮮丼。タコは生ダコを店で湯がいて波切りにし、食べやすく隠し庖丁を入れる。サクラマスやブリは端を折り曲げて、立体感を出して盛る。イクラで彩りを添える、等々。だし巻き玉子などの、日替わりのおかずも盛り込む。

▶メニュー紹介はP010

ごはんは「ゆうだい21」を使用。米酢、上白糖、塩、昆布で作ったすし酢、大葉、白炒りゴマを混ぜ、すし飯を作る。しっとり感を保つため、すし酢は甘めに仕上げる。

生タコは塩水（2％）と料理酒で10～15分湯がき、波切りにして両面に隠し庖丁を入れる。年配客が食べる場合は、さらに半分に切って小さくし、食べやすくする気遣いも。

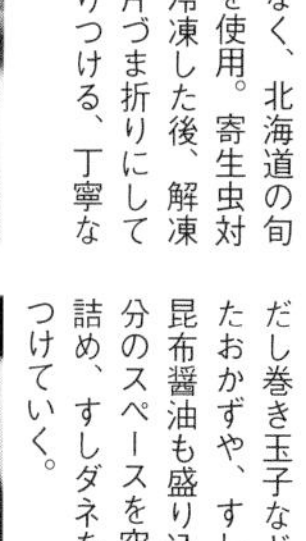

サーモンではなく、北海道の旬のサクラマスを使用。寄生虫対策で2日以上冷凍した後、解凍して用いる。片づま折りにして見ばえよく盛りつける、丁寧な仕事が特徴だ。

だし巻き玉子などのちょっとしたおかずや、すしダネにかける昆布醤油も盛り込むため、その分のスペースを空けてすし飯を詰め、すしダネを鮮やかに盛りつけていく。

炭火焼タイガー 調理ポイント

焼肉弁当　3500円

焼いてすぐに食べる店内飲食とは異なり、テイクアウトの場合は余熱で火が入る分を考慮して、ややレアに焼き上げる。鹿の子包丁の入れ方もポイントで、焼くと硬くなりやすい部位は細かく、ザブトンなどやわらかい部位は軽めに入れる。

▶メニュー紹介はP012

カメノコ

焼きすぎると身が縮み、硬くなりやすいので、2㎜くらいの厚さに切り出す。繊維を断ち切るように垂直に、やや浅めに鹿の子包丁を入れる。

ブリスケット

繊維が細かく、焼くと縮みやすい部位。A3ランク程度ではそのまま焼くと硬くて食べられないが、A5ランクでは旨味を味わえる。気持ち厚めに切り出し、鹿の子包丁をしっかり入れる。

シンシン

1 シンタマの中でもとくにやわらかい部位なので、厚切りにして食感や旨味を堪能させる。厚さ1.5㎝、約130gに切り出してから、裏表に格子状の切込みを入れる（写真下参照）。

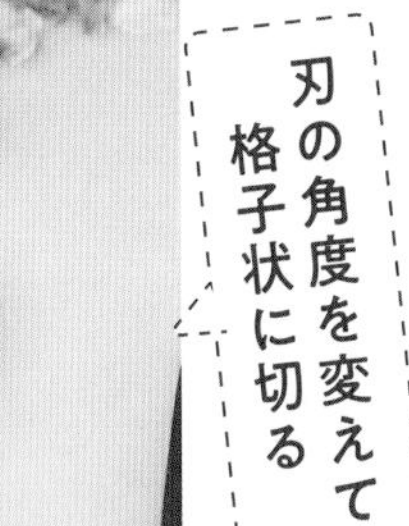

2 刃の角度を変えて格子状に切る

3 刃を斜めの角度で切り込みを入れ、次に刃を垂直に立てて鹿の子に包丁を入れる。角度を変えることで焼いても肉がちぎれず、食べた時にかみ切りやすい。最後に食べやすい大きさに切る。

ザブトン

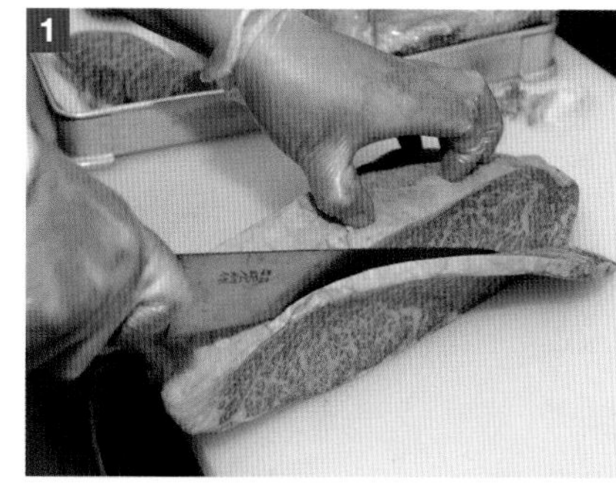

肩ロースの上質部位。棒状に柵どりせず、同店では肉が酸化しないように部位の塊のまま保存し、1枚約130g、厚み1cmの大判に切り出す。

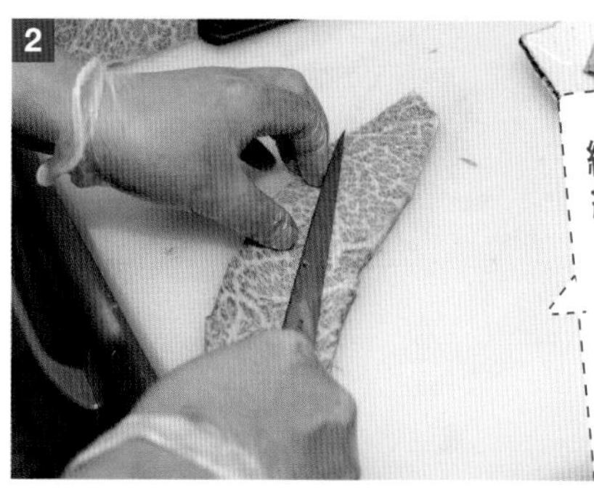

斜めに入った繊維を断ち切るように、繊維に対して垂直の角度で刃を入れて浅めに鹿の子包丁を入れる。スジを丁寧に掃除し、血管痕は爪楊枝で取る。こうした細かな下処理が、とろける食感を生む。

焼き方のポイント

1 表8割、裏2割のイメージで火入れ

フライパンに牛脂を軽くなじませ、脂ののっている部位から焼く。取材時は、ザブトン、ウチモモ、シンシン、カメノコの順。最初に8割、裏返して2割のイメージで火を入れる。

焼いている間は、基本的にあまり動かさず、トングでも触らないのが鉄則。「肉汁の1滴も漏らさず焼き上げたい」と、やや赤身が残る程度で取り出し、余熱で火を入れる。

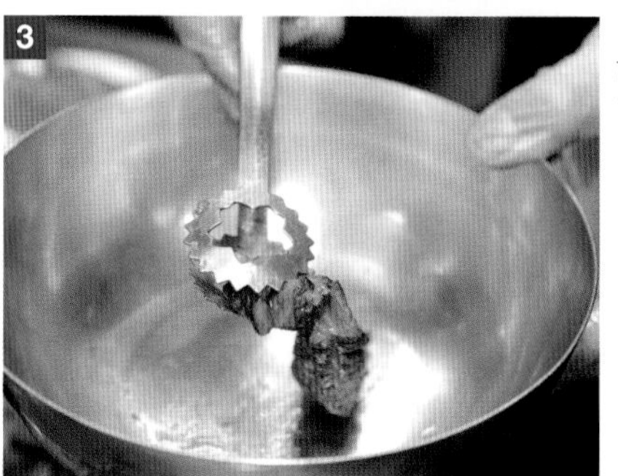

シンシンなど厚みのある肉の場合は、持ち帰る際にドリップが出ないように、裏表に加え側面も軽く焼き固める。ブリスケットは縮みやすいので、肉汁がにじむまえに引き上げる。

サーロイン弁当　3500円

コロナ禍で5000円のお弁当の注文があったのをきっかけに、高級部位のサーロインを使ったテイクアウトを開発。冷めても油膜がはらないように、だしをくぐらせてから焼く。

▶メニュー紹介はP013

サーロインは、できるだけ大きな1枚の判に切り、ご馳走感を訴求。1回の包丁でスッと薄く切るのは、高度なプロのテクニックだ。

焼く前に、カツオ節とサバ節でとっただしを温め、サッとくぐらせる。余分な脂が落ちて、だしの風味もつく。

まず片面を焼き、裏返したらすぐに端からクルクルと巻いて取り出し、形を保ったまま盛り付ける。薄切りの肉を重ねて口に運ぶことで、濃厚な旨味を味わってもらうのが狙い。

ロウリーズの調理ポイント

プライムリブカツサンド　5800円

低温でじっくり火入れしたプライムリブを3cm以上の厚みのカツに仕立て、他にないご馳走カツサンドに。味つけに店のオリジナルドレッシングを用い、味の差別化も図っている。付け合わせは、「インカのめざめ」にチェダーチーズソースとベーコンビッツ、サワークリームを合わせたもの。重箱のような黒色の容器に詰めて高級感も。1時間前までの予約注文で販売。

▶メニュー紹介はP017

肉の仕込み

1 カツに使うローストビーフは、1／2パウンド（225g）。3㎝ほどの厚みに切り出す。

2 冷めた状態で食べるとローストビーフの脂身が口に残りやすいため、まわりの筋と脂身を丁寧に取り除く。

3 肉の間に入り込んだ脂も取り除き、再び1枚の判になるように形を整える。生パン粉の衣を二度付けしてサクサクの食感に。冷凍保存しておく。

パンは、『メゾンカイザー』の6枚切り食パン。調理時間の短縮を図るため、カツはパン粉をつけた状態にして冷凍保存しておく。

注文時

1 注文が入ったら、冷凍していたカツを190℃の油で1分～1分半揚げる。ローストビーフはあらかじめ火が入っているので、ここでは、表面の衣をカリッとさせるのが狙い。

2 耐熱皿にのせ、180℃のコンベンションオーブンで約10分焼き、中のローストビーフまで熱を入れていく。

3 肉を温めている間にパンも焼いていく。6枚切りの食パン2枚の片面ずつに澄ましバターを塗り、肉と同じオーブンで焼く。

4 カツはオーブンで火を入れたのち、保温庫に移してやすませる。やすませて肉汁を落ち着かせることで、カットした時の汁気を抑える効果もある。

保温庫で肉をやすませる

仕上げ

1 焼けたパンの表面にマヨネーズを塗り、細かく切ったレタスをのせ、オリジナルシーズニング、オリジナルドレッシング、マヨネーズをかける。

2 揚げたカツをのせてもう1枚の食パンで挟み、耳を切り落とす。見栄えよく仕上げるため、耳と一緒にカツの両端も切り落とす。食べやすく6等分に切って容器に盛り付ける。

プルドビーフバーガー　1800円

プライムリブの骨周りの肉を活用し、150gのボリュームで提供。コールスローにはハラペーニョを加え、濃厚な旨みの肉に負けない味わいに。1年前から提供しているが、2021年4月にバンズを変更し、ポテトを付ける現在のスタイルに変更してから売上が急増した。

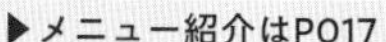
▶メニュー紹介はP017

1 ローストビーフから切り落とした骨付きの部位をバットに入れ、120℃のコンベクションオーブンで2～3時間焼く。

2 ナイフで骨周りの肉を削ぎ落とし、さらに手で粗めにほぐす。肉の食感を感じられるように、細かくほぐしすぎないようにする。

3 味がなじみやすいように、温かいうちにバーベキューソースを加えて和える。ここまでをまとめて仕込んでおき、注文ごとにバンズにのせてオーブンで温めて仕上げる。

タンタンメン　800円

店では、ノーマルな「タンタンメン」のほか、「味噌タンタンメン」や「トマトタンタンメン」など6種類を揃えており、麺類の注文客のうち8割が頼むという看板商品。スープは出来上がったらすぐに真空包装することで、店の味をそのままをお届け。卵のふわふわとした食感もキープしている。

▶メニュー紹介はP033

中華ハナウエの調理ポイント

1 材料は、豚挽き肉、おろしニンニク、韓国産粉唐辛子、溶き卵。写真の材料は5人分。

2 鍋にスープを沸かし、塩、うま味調味料を入れる。豚挽き肉を加えて、杓子の底でつぶしながら煮る。

ニンニクの風味を生かす

3 ニンニクを加えてひと煮たちさせ、アクを取りながら少し煮る。ニンニクは刻みではなくおろした状態の物を使うことで、ニンニクの旨味がスープにしっかりと移る。

韓国唐辛子で色鮮やかに

4 ゴマ油、唐辛子を加え、沸いたら卵を回し入れ、静かにかき混ぜる。

家庭用サイズに小分けする

5 計量カップで1食分450ccずつ量り、真空専用の袋に入れる。イートインでは800ccのスープで出すが、家庭用の丼だと量が多すぎるので450ccに調整した。

6 袋に入れたスープをすぐに小型の真空包装機にかける。

7 真空にしたスープを平らに置き、容器の幅に合わせて袋を折ってクリップで止める。急速冷凍機に入れて冷凍。約1時間半ほどで完了。1度に冷凍できる量は10食程度。冷凍した商品はストッカーで保存する。

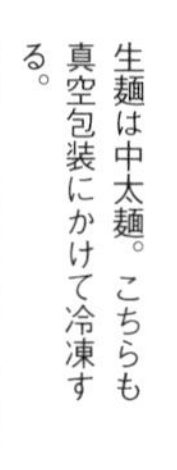

8 生麺は中太麺。こちらも真空包装にかけて冷凍する。

ぎょうざ（生）16個入り

800円

豚肉とキャベツ、ニラをベースに、ニンニクをきかせた食べごたえのある味わい。冷凍したときに生地が割れるのを防ぐため、厚みのある生地を使用している。

▶メニュー紹介はP034

昼間は通行人が多く、また店が閉店してから夜の時間帯に売れることも多いため、毎日、営業後に商品を補充。最大50食を補充できるが、週末はその分が全て完売する日も多い。

9

具は豚挽き肉、キャベツ、ニラ、ニンニク、生姜。醤油やゴマ油、ラード、砂糖、塩、酒で調味する。

10

仕込み終えた状態の餃子。一度に80人分くらい仕込み、冷凍販売用と、イートイン用に分けて保存する。

ビストロ ボナップの調理ポイント

ビストロハヤシライスセット　2484円

ハヤシルー単品（黒・白）各1080円
バターライスの素540円

写真の「ハヤシライス（黒）」は、市販のデミグラスソースなどを使って簡易化しながらも、自家製のフォン・ド・ボーなどを加えてフランス料理店ならではの本格的な味わいに。煮込み時間が短く済むように、薄切りの肉を使うのもポイントだ。

▶メニュー紹介はP040

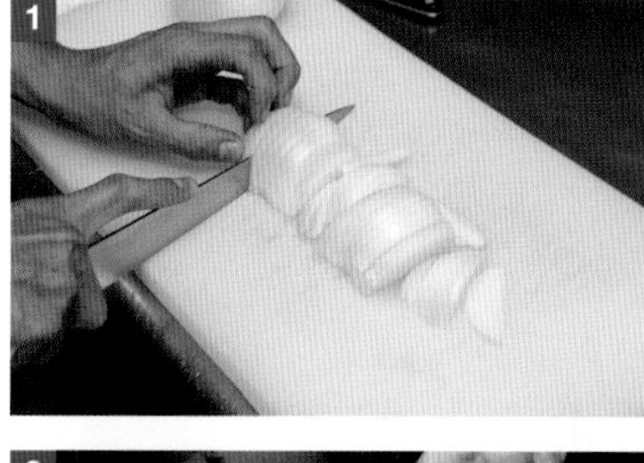

1 玉ネギは食感を残すため2～3㎜幅にスライスする。

2 厚手の鍋にオリーブ油を入れ、玉ネギを炒める。軽く塩をふり、しんなりとするまで炒める。

3 牛肩スライス肉を3㎝幅に切り、軽く塩をふる。フライパンにオリーブ油を熱し、肉を入れて焼く。低い温度から肉を焼いてしまうと肉から水分が出てしまうので、油を熱してしっかりと温度を上げてから肉を入れる。

4 肉の色が変わったら、スライスしたホワイトマッシュルームを加えてさっと炒める。

5 2の鍋に4を加え、湯むきして角切りにしたトマト、赤ワインを加え、アルコールをとばす。

6

ローリエ、タイム、デミグラスソース、ケチャップ、リーペリンソース、ハチミツを加え、蓋をして10分ほど煮る。赤ワインの酸味を、ケチャップやハチミツでやわらげ、子供も食べやすい味に仕立てる。

甘みを加えてまろやかに

7

フォン・ド・ボー、フォン・ド・ヴォライユなどを加えて味わいに深みを出す。塩、コショウで味をととのえ、仕上げにバターを加えて濃度をつける。完成したら小分けにして真空包装し冷凍保存。ある程度まとめて量を仕込んでいる。

バターライス

玉ネギとニンジンを甘みが出るようにじっくり炒めたところに米を加えてさらに炒め、ローリエ、タイム、バターを加え、ブイヨンを入れて炊き上げる。自宅でも手軽に再現できるように、米以外の材料を真空包装した「バターライスの素」を販売。

ごちそうサラダ　1944円

三浦の契約農家から届く野菜を中心に、旬の素材のフレンチ惣菜を盛り込む。最後まで食べ飽きないように、クスクスやキノコ、芋など食感の異なる素材を使い、それぞれ味つけを変えているのもこだわりだ。

▶メニュー紹介はP039

1 サラダはそれぞれ、仕込んでバットに小分けにしておく。

2 容器にリーフサラダを盛る。

3 キャロットラペ、自家製ツナとセロリのサラダ、レンズ豆とクルミのサラダ、クスクスのタブレ、キノコのマリネ、チョップドサラダ、さつまいもとヘーゼルナッツのサラダの順に、円を描くように盛り付ける。

4 ミニトマト、生ハム、黄ニンジン、紅芯大根などをあしらう。自家製キッシュをのせる。

ニュースマイルの調理ポイント

TAMA-BEN えらべるおかずのタマゴ弁当

上：ビーフステーキ・スチームベジタブル
下：ハンバーグ・チキン南蛮

「のり弁」にヒントを得て、洋食風に薄焼き玉子をごはんの上に敷く「タマゴ弁当」を考案。ソースがごはんに染みにくく、卵はバターをまとわせて焼いているため、ごはんにうっすら染みてバターライスのようなツヤとコクを生む効果も。おかずが選べるため、それぞれ仕込みをしっかり行ない、受注後のオペレーションをスムーズにしている。

▶メニュー紹介はP052

ハンバーグ

和牛の端材も入る合挽きミンチを精肉店から直接仕入れ、手ごねで旨みを閉じ込めて焼く。ソースはデミグラス・トマト・ジャポネの3種類から選べる。

チキン南蛮

肉がパサつくことがないよう注力。繊維の方向でカットし、下味にしっかり漬け込んで水分を閉じ込めておくのがポイント。鶏肉は170度で2～3分揚げる。

薄焼き玉子

1 120食売る「タマゴ弁当」用に薄焼き玉子を常に用意。フライパンにバターと油を引き、バターを少し加えた卵を一枚ずつ丁寧に焼く。

2 玉子焼きを敷くことで、ごはんにソースが染みないように食べることも、玉子の生地を破ってソースとごはんを合わせて食べることも、好きに味わえる弁当の新スタイルだ。

OMLETTE-RICE　デミグラスソースのオムライス　700円

ふわふわの卵で包む洋食の代表的存在のオムライス。中は玉ネギをたっぷり使って、甘みを濃縮させたケチャップライスだ。仕上げに掛けるデミグラスソースは甘めに仕上げているため、子どもにも食べやすいと評判。

▶メニュー紹介はP053

ケチャップライスは炒めた状態でスタンバイし、注文が入るとすぐに卵で包みスピード提供を図る。ソースはたっぷり掛けて。

スチームベジタブル

ジャガイモ、人参、レンコンを蒸した状態で冷蔵。アンチョビの効いたバーニャカウダドレッシングで和えることで、パンチのある味わいに。サラダもごはんのおかずになる。

ステーキ

低温調理を活用し、ローストビーフの状態にして1食分ずつ小分けパックにして保存。注文ごとに鉄板で焼き目を入れて仕上げる。玉ネギの甘みを生かしたソースをかけて提供。

日替わりラザーニャ

1280円

作り置きせず焼きたてから売っていく。シート状のパスタ生地は事前にまとめて茹でておき、ソース類も事前に仕込んでおく。売れ行きを見ながら専用の型にパスタ生地とソース、チーズを何層にも重ねていき、オーブンで30分かけて焼き上げる。

▶メニュー紹介はP070

ペペロッソの調理ポイント

1 22㎝×19㎝の型にシート状のパスタ生地をしき、2種類のソースをのせ、パルメジャーノ・レッジャーノをかける。これを何度も繰り返し、層を重ねていく。

2 2種のソースは、層状に重ねるのではなく、交互に生地にのせてまだら状にする方が、味にコントラストが出てバランスよく仕上がる。

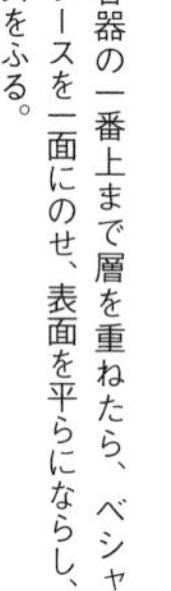

3 容器の一番上まで層を重ねたら、ベシャメルソースを一面にのせ、表面を平らにならし、チーズをふる。

4 210℃に予熱しておいたオーブンに入れ、25分ほど焼く。

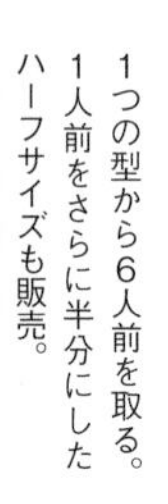

5 1つの型から6人前を取る。1人前をさらに半分にしたハーフサイズも販売。

一本一本手延べした ピーチアリオーネ

1630円

生パスタは事前に作りオーダーごとに茹でる。トマトソースは4時間ほどじっくり煮込んでベースを作り、提供時の時間短縮を。一方でオーダー後は時間経過で失われやすい香りの要素を損なわないよう工夫している。

▶メニュー紹介はP073

1 海水と同じ程度の塩分濃度の塩水で、ピーチ（生パスタ）を茹でる。

香りの要素を直前調理でプラス

2 たっぷりのオリーブオイルでニンニクを加熱。ゆっくり時間をかけ香りが出たらニンニクを取り除き、すぐクールブイヨンを加える。オリーブ油に火を入れすぎると酸化し香りも飛ぶので、ブイヨンはそれを止める役割に。

3 トマトソースを加える。トマトソースは玉ネギやセロリ、ニンニクなどを加え4時間ほど煮込んで作ったもの。

4 茹で上げたピーチをソースで和える。軽く煮込んで味を馴じませ、最後に塩で味を調整。オリーブ油を仕上げに加える。

特製ハンバーグ

1000円（冷凍品800円）

※店内提供時の価格は異なる

土筆苑はテイクアウト・店内提供ともに真空調理したものを活用。大谷氏自ら工房で時間と手間をかけて仕込むことで、常にクオリティがキープできている。工房で出来上がった料理は冷凍で店内厨房に運び、随時湯煎器かスチコンで温めて提供している。

▶メニュー紹介はP074

※店内提供時の一例

土筆苑の調理ポイント

仕込み

1 ハンバーグパテの基本材料をミキサーで合わせた後、成形する。ミキサーを使うのは、手の熱で肉が劣化するのを防ぐため。その後、形が崩れないよう、マイナス20℃で2～3時間冷凍させる。

2 油を多めに使い、パテをコーティングするようなイメージで表面に焼き色をつける。この時、芯部まで熱を入れず、焼き色がついた時点で取り出す。

3 仕込み量は一度に400個。焼き時間のズレで個々の温度変化を少なくするため、焼き色をつけた後は1時間ほどしっかり冷やす。

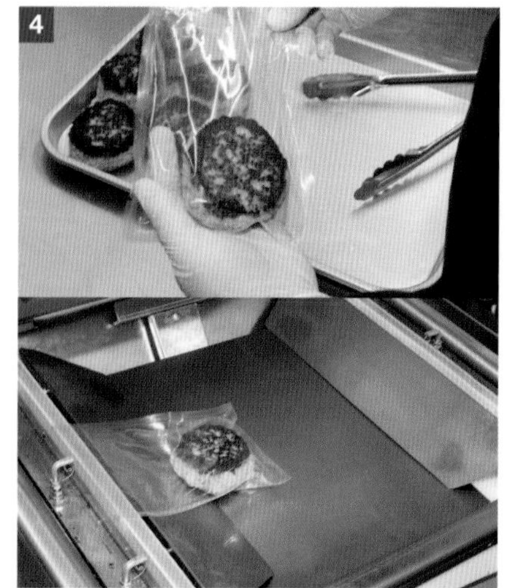
4 真空パックの袋に焼き色がついたハンバーグパテを入れ、真空パックする。

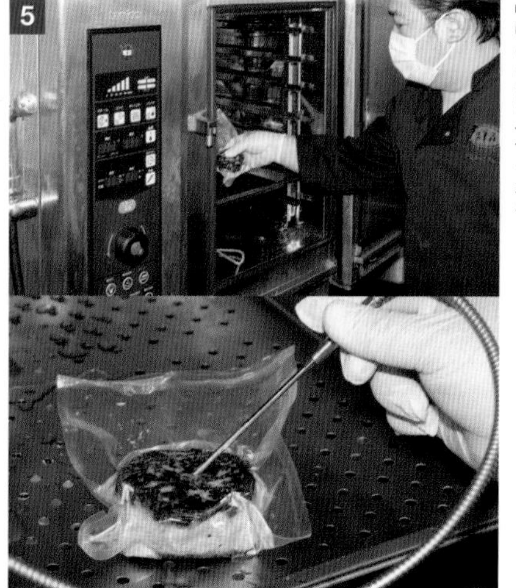
5 スチコンで芯温85℃まで加熱し、急速冷却する。真空状態なので熱を加えても食材の旨み・水分が逃げず、急冷することで肉汁も中にとどまりやすくなる。

名物タンシチュー 1700円(冷凍品1700円)

※店内提供時の価格は異なる

タンシチューは6時間煮込んだ後、真空状態にしてスチコンで加熱する。一度の仕込み量は200人前と大量だが、大谷氏が全工程を調理するため安定した味の提供が可能になり、食材ロスも防げる。

▶メニュー紹介はP075

タンを皮ごとデミグラスソースで6時間煮込む。その後、皮をむき、提供時の大きさにカットする。

カットしたタンを真空パックの袋に入れる。この際、タン先からタン元までバランスよく入れていく。

提供時

6

営業中は真空包装のパテを袋のまま湯煎器で温めておく。テイクアウトはもちろん、店内提供も効率と安全性を考え、これを使用する。

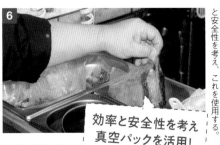

効率と安全性を考え真空パックを活用!

店内提供の場合、注文が通れば湯煎器から取り出したパテやマッシュポテト、ソースを盛り付ければ完成。合理的な調理方法のため、繁忙時でも2~3人の少人数体制で回すことが可能になっている。

テイクアウト時も真空包装のものを提供する。パテやマッシュポテト、ソースもセットになり、店で食べる時と同じものが提供される。

エビ・カニのコンボ 1950円

※店内提供時の価格は異なる

エビフライ、カニクリーミィコロッケともにすぐに揚げられる状態にし、注文を受けてから揚げて提供。トマトソース、タルタルソースは別添えにする。

▶メニュー紹介はP076

1 カニクリーミィコロッケはタネを成形後、粗めのパン粉をつける。エビフライも同様にする。

2 すぐに揚げると蒸れて衣と具の間に隙間が空いてしまうため、冷凍で一晩寝かしてから使用する。

3 注文が通れば、フライヤーで170℃、4分ほど揚げてから提供する。

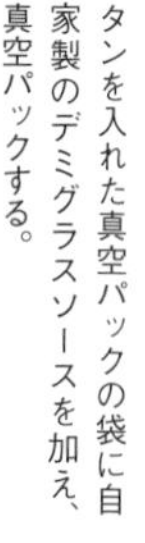

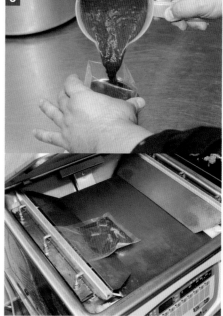

3 タンを入れた真空パックの袋に自家製のデミグラスソースを加え、真空パックする。

4 スチコンで真空調理する。加圧による高温加熱になることで、ソースが肉に染み込みやすくなる。

鶏天カレーうどん

930円

うどんメニューの調理工程は店内飲食の場合と全く同じ。こだわりはテイクアウトでも「ゆでたて、出来たて」を徹底している点で、うどんはすべて受注調理で茹で始める。さらに、麺は提供直前にもう一度温め、できたて熱々の魅力で人気を得ている。

▶メニュー紹介はP080

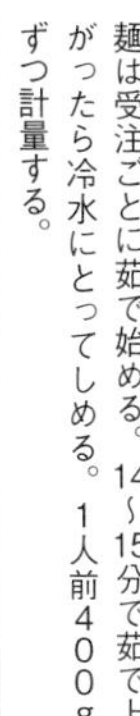

麺は受注ごとに茹で始める。14～15分で茹で上がったら冷水にとってしめる。1人前400gずつ計量する。

小鍋にかけだしを入れ、牛肉と玉ネギを入れて加熱。具に火が入ったらオリジナル配合のカレー粉を溶かした液を加えて混ぜ合わせる。

鶏天を揚げる。鶏はもも肉で、1個80g、1人前3個を使用。別パックに盛り付ける。

鶏卵カレーうどん　900円

同商品だけ、盛りつけた状態で提供。のびにくい「剛麺」の麺と、上面が鶏卵の餡のため、テイクアウト・デリバリーの範囲内なら冷めずに提供できる。

▶メニュー紹介はP081

提供直前に麺を温め直し、できたて熱々を

1 カレーだしを器に注ぎ、熱々のうどんを入れる。

2 鶏卵の餡をかけて外蓋をする。卵は自然卵の「旨赤卵」を使い、かけだしに少しずつ入れて溶く。葛粉でとろみをつけている。

4 テイクアウト容器にカレーだしを注ぐ。

5 全て用意できたら、麺を再度温め直す。温まったらカレーだしの上に内蓋をはめて、その上に熱々の麺をのせる。さらに外蓋をはめて完成。

黒毛和牛きつねわかめうどん 1230円

A4等級の黒毛和牛を１食につき100g、きつね揚げは１枚丸ごと投入。肉は２段階の加熱と２回余分な油脂を切ることで、上質な味わいながらもスッキリさせた。

▶メニュー紹介はP083

1

黒毛和牛のバラ肉をフライパンで焼く。火が通ったら一度網にあげて、余分な油を切る。

2

フライパンに戻し、生醤油と上白糖を合わせたタレで味付けして炒める。

3

肉の表面をバーナーで炙る。香ばしさが出たら再び網に肉をのせ、余分な油を切る。

4

温めたかけだしを容器に注ぎ入れ、内蓋を閉める。その上にうどんをのせる。うどんの調理手順は「鶏天カレーうどん」と同様で、提供直前に再度温めなおす。

4

うどんの上に揚げをのせ、和牛肉を盛り付ける。オリジナルのかまぼこをのせ、外蓋をする。薬味の青ネギ、わかめは別添えに。

黒酢のトンポーロー

980円

トンポーローとタレはできたてを真空包装し、店の味をそのまま届けるように。営業終わりに仕込み、店内に導入した冷凍庫または「ど冷えもん」に補充。「ど冷えもん」自体が冷凍庫になるので、仕込んだものから補充していけるのも便利だという。

▶メニュー紹介はP091

温故知新の調理ポイント

香り高い自家製のネギ油が、全ての料理のポイントに。白絞油に、中国山椒、皮付き生姜、鷹の爪、青ネギ、陳皮を加え30分静かに炊く。

豚バラブロックはゼラチン質の多い皮付きを使用。多めの油で焼き目をつけ、蒸籠に入れて5時間蒸す。この後、余分な油脂を捨て、煮汁と共に2時間蒸して1個150g〜170gにカット。

大人の坦々麺　850円

同店の麺類の中でもファンが多い一品。レンジアップの商品が多いが、スープは湯煎、麺類は麺を茹でてもらい、店の味を再現する。

▶メニュー紹介はP092

1 清湯に、すり胡麻を合わせた芝麻醤とすりおろしニンニク、生姜、タレと醤油3種を配合した自家ブレンド醤油、3年熟成の豆板醤、酢、一味、ネギ油作りで出る花山椒を合わせて炊く。

2 冷凍自販機用に仕込む時は、熱々のまま専用袋に詰め、すぐに真空包装。熱いものもそのまま真空パックできる真空包装機D-packを使用する。

2 店内提供の場合、チャーシューは提供直前に表面を炙って焼き目をつける。冷凍自動販売では炙ってから真空冷凍する。

香ばしさを纏わせる

3 すぐに真空包装し、冷めたら急速冷凍する。

4 タレは鎮江香酢、濃口醤油、砂糖、紹興酒、清湯で作り、片栗粉でとろみをつけ、別で真空包装し、冷凍する。

5 店内飲食では、注文が通ると真空包装して冷凍しておいたトンポーローを10分湯煎。肉を皿に盛り、作りたてのタレと1のネギ油と辣油をかけて提供。以前は煮込んだ肉を注文が通ると蒸していた。真空包装機と冷凍庫の導入により店内調理のオペレーションも円滑になったという。

店内調理も湯煎で効率化！

イル チェントリーノの
調理ポイント

タスマニアサーモンのパリッと片面焼き　980円

サーモンは1人前70gに塩とカソナードで12時間マリネし、翌朝塩を拭き取って脱水シートに包んで水分をしっかり取り除き、腐敗のリスクを抑える。この後、カットして少量のオリーブオイルと共に真空パックに。即マイナス20℃のブラストチラーに入れ、急速冷凍する。

▶メニュー紹介はP110

ブラストチラーは2020年5月、通販用の商品開発期間中に50万円で中古を購入。小規模事業者持続化給付金を利用して導入した。商品は約15食前後を冷凍ストックしておき、注文が入る度に発送。受注生産し冷蔵発送していたEC開設当初より効率性が高まった。

オリーブオイルと共に真空にしており、サーモンが油脂でコーティングされている状態のため、テフロン加工のフライパンで油を抜くように皮目だけを弱火でパリッと焼けるまで焼いてもらう。詳しい説明書きのPOPを同梱する。

お客の手元に届いてから

出来上がりの画像はQRコードでお確かめください。
タスマニアサーモンのパリッと片面焼き
ハーブで半日マリネしたサーモン。火が入りパリっとした皮目部分からしっとりとした身の部分への食感のグラデーションを楽しんで下さい。ほっくりしたビーツのソースとどうぞ。
【お召し上がり方】
①予め、サーモン・ビーツのソースを解凍してください。
②フライパンにオリーブオイルを少しひき、皮目を下にし、弱火で3分程度焼いて下さい。
③お皿に移した②にビーツのソースを添えて完成です。
※ベビーリーフ等はお好みでご用意下さい

カリーナ カリーナの調理ポイント

ラザニア（ボロネーゼとトマトソース） 600円

前日に仕込んでカットしておき、当日は容器に入れて店頭に並べる。一つの型から12人前を取り、平日3～6台、週末6～7台を仕込む。シート状のパスタ生地とソース、チーズを何層にも重ねていき、オーブンで焼き上げる。

▶メニュー紹介はP113

1 シート状のパスタを茹で、型一面に敷き詰める。

2 シート状のパスタの上にソースをのせ、一面に塗り広げる。ソースは合挽き肉と香味野菜を赤ワインで煮込んだ「ボロネーゼ」を加えたベシャメルソース。その上から一面にモッツァレラチーズをかける。

3 手順1、2の工程を繰り返し、6層重ねにする。

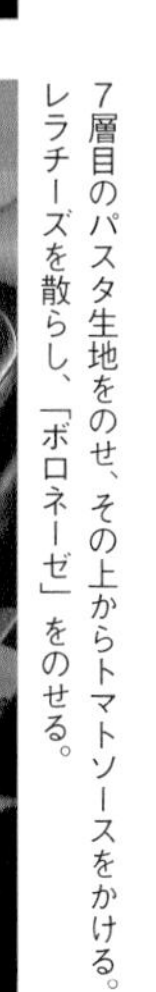

4 7層目のパスタ生地をのせ、その上からトマトソースをかける。モッツァレラチーズを散らし、「ボロネーゼ」をのせる。

左：ウニクリームパスタ
右：牛スジのラグーソースパスタ

2品1000円

お客が自宅に持ち帰り、電子レンジで加熱して食べる時に一番おいしいようにと計算して開発。パスタは茹で置きしてオイルでしめておき、冷たいまま盛り付けることで伸びを防止。ソースは店で出すときよりもかなり多めに入れる。

▶メニュー紹介はP114

1

麺は事前に茹でておき、油をまぶしておく。注文ごとに冷たいまま器に盛り込む。

2
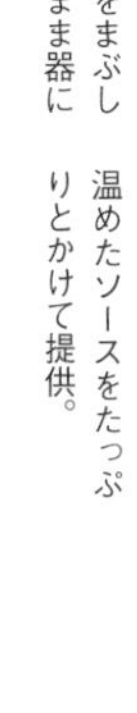
温めたソースをたっぷりとかけて提供。

5

グラナパダーノチーズをかけたのち、オリーブオイルをかける。

6

220℃のオーブンで20分かけて焼き上げる。オーブンから出し、あら熱を取り除く。

7

一台あたり12個に切り分け、翌日容器に移して販売。ソースや具材を変えて様々なアレンジバージョンを毎日3種類ほど用意する。

テイクアウトの集客&売上アップを実現する

新ポスティング作戦

テイクアウトの売上を伸ばすためには、商品力の強化とともに攻めの集客策を立てる必要があります。ここでは、地域密着の繁盛店を目指すのであれば是非挑戦してもらいたい、テイクアウトの集客&売上を伸ばす新たなポスティング手法を解説します。

白岩 大樹／㈱アップ・トレンド・クリエイツ代表取締役 汗を流すコンサルタント

コロナでも繁盛！年商1億の弁当店

コロナ禍の影響を打開すべく、多くの飲食店がテイクアウトやデリバリーに着手してきました。しかし、その中で成功・失敗を分けるポイントとなったのは、やはり集客ではないでしょうか？

これまではお客様が店まで食べに来てくれました。しかし、「テイクアウトをしているお店ですよ」という認知がされていないお店の場合、待っているだけでは商品は売れません。そこでSNSを活用した販促を学び、実践しているお店も増えているようです。

そんな中、大繁盛しているある弁当店（FC）の話を耳にしました。聞けば、もともとテイクアウトによる売上で年商3000万円だったそうですが、これにプラスしてデリバリーの売上がコロナで急激に伸び、今では7000万円。合計で年商1億円まで伸びているとか。

考えてもみれば、弁当店はコロナ前から店内飲食がないため、コロナでテイクアウトやデリバリーに本腰を入れた飲食店に比べれば、店外需要を取り込むことについては最先端をいっているといえます。この先達から学ばない手はありません。

では、この弁当店はどんな集客活動をしていたのか？　結論からいえば、そこにネットやSNSはありませんでした。

お店の半径1キロ圏内という非常に限られたエリアへの泥臭く、アナログな対面活動、つまりは「接近戦」によって地域の人たちとの強固な信頼関係を築いていたことが、この弁当店の注文爆発を起こしたのでした。

本稿では、この弁当店の集客戦略をもとにしつつ、これまで12年間、約800店の現場に関与してきた「汗を流すコンサルタント」である私が自ら実践してきた集客ノウハウをかけ合わせることで、これまでのポスティングの常識を打ち破るポスティング活動（ピンポンポスティング）について、実際に活動を始めた事例も踏まえながら解説してきます。

なぜ「ポスティング」なのか？何が違うのか

そもそも「なぜテイクアウトの販促にポスティングをするのか？」と疑問を持たれた方もいるかもしれませんのでこちらから説明します。

まず先にご紹介した年商1億の弁当店ですが、お店の半径1キロ圏内という地域限定戦略によってデリバリーのエリアを絞り込んでいました。またターゲット層が5～20名の小規模法人とファミリー（主婦）と明確でした。この商圏とターゲットに2010年ごろから訪問して、チラシを渡すという取り組みを継続していました。

私も、こういった訪問を自ら実践して結果を出してきましたが、経験上、これをいきなり飲食店のスタッフに実践してもらうことはかなりハードルが高いです。たとえ一時的に動いてもらい結果を出せたとしても、なかなか先の弁当店のように習慣化させ、「会社の文化レベル」まで定着させることは至難の業です。

そこで、まずはチラシをポスティングするという取り組みから活動をはじめてみました。

しかし、最終的に定期的な訪問へと向かうための第一段階ですので、「ピンポンポスティング」という名称からも分かるように、その性質は通常とは大きく異なります。

人の印象で差をつける「ピンポンポスティング」

通常のポスティングが、住宅やマンションなどの郵便受けにチラシをポスティングするのに比べ、このピンポンポスティングは、文字通り住宅やマンションのチャイムを「ピンポン」と鳴らし、出てきていただいた方に直接、チラシをお渡しするやり方です。

具体的に通常のポスティングとピンポンポスティングとでは、大きく7つの点で異なります。それぞれ説明していきましょう。

①KPI（重要業績評価指標）

通常のポスティングは配布する枚数（量）のみをKPIとしますが、ピンポンポスティングでは、同じく配布枚数を追うものの、訪問先での会話を伴った手渡しであったか（質）を重視します。

②差別化要因

通常のポスティングでは、チラシの中身（デザインやキャッチフレーズなど）で差をつけようとしますが、ピンポンポスティングでは、訪問をしてきた人（スタッフ）の印象で差をつけることで、他店のチラシよりも関心をもって読んでもらいます。

③教育

ポストに投函するだけであれば、配布するスタッフへの教育は不要ですが、「お店の代表者」として店の外へ出て、近隣の人たちと会話をするピンポンポスティングでは、スタッフのコミュニケーション能力を磨き続けるための教育が必須です。

④心構え

住人に見つからないようにコソコソと行なうポスティングと違い、コミュニケーションを伴ったピンポンポスティングでは、笑顔・挨拶・お辞儀などの振る舞いが求められます。

⑤集客スイッチ

チラシのみで勝負する通常のポスティングは、チラシの割引・特典が来店を促すスイッチとなりますが、ピンポンポスティングではチラシだけでなく、配っている人の印象（楽しそうに頑張っている姿など）が、お客様の購買への強い動機づけとなります。

⑥活動期間

早期に売上を上げるために短期集中で行なうのが通常のポスティングですが、地元の人たちと信頼関係を築くことを目指すピンポンポスティングは、定期的な活動の継続を最も重視します。

⑦反応率

一般的なポスティングの反応率は「千三つ以下＝0・3％以下」といわれますが、質を重視したピンポンポスティングでは、その20倍近い反応率を上げることも十分に可能です。また、会話をしたことによって、即日来店・注文に結びつくことが多いこともその特徴です。

ピンポンポスティングの特徴（通常のポスティングとの違い）

項目	通常のポスティング		ピンポンポスティング
①KPI	枚数（量）	▶	会話（質）
②差別化要因	チラシ	▶	人の印象
③教育	不要	▶	必須
④心構え	見つからないように	▶	笑顔で手渡し
⑤集客スイッチ	割引・特典	▶	好印象
⑥活動期間	短期集中	▶	継続実施
⑦反応率	0.3%以下	▶	5%以上も可能

ピンポンポスティングを実践しよう

ここからは、私が支援先のスタッフに向けて実施した「ポスティング勉強会」の内容を紹介していきましょう。

支援先の企業は、静岡県富士市に本部があるまさごグループ（とんかつ・和食・食堂業態を9店舗経営）。各店のスタッフが楽しみながら全員で活動に取り組んだこともあって、対前年比で115％以上のテイクアウト売上の伸びを達成しました。もともとテイクアウトには力を入れていたにも関わらず、お店によっては150％以上、売上を伸ばした店もあります。

では、そうした成果を上げるうえで、ポイントになることは何なのか。まさごグループでお話しした勉強会の内容をここで紹介しますので、スタッフに通常のポスティングとの違いを理解してもらい、活動イメージを鮮明にするためにも、ぜひご参考ください。

1 ピンポンポスティングの目的

テイクアウトで「ピンポンポスティング」をする目的は、みんなのお給料の源泉である売上をみんなで上げるためです。お客様から受け取ったお金がみんなのお給料になっています。

みんなのお店の売上をみんなで上げるために、このポスティングの活動に取り組んでください。もちろん健康・安全・コロナ感染対策を第一でお願いします。

2 活動イメージ

目安としてお店の半径1キロ圏内に在住・在勤している「地域の人たちとつながる」イメージで取り組んでください。一般的にポスティングっていうと何か悪いことしてるような感じで、住人にバレないようポストに急いで入れるイメージがあると思いますが、そうではありません。

3 来店したお客様への対応

通常、飲食店は来店いただいたお客様に満足していただければ、そのお客様の次の来店に繋がります。一方、このピンポンポスティングは店外販促です。ここでチラシを渡した方に満足していただければ、直近の来店につながります。来店していただき、店内で満足いただければ次回の来店へとつながります。そのためにも、ぜひお客様にはアンケートにご協力いただくよう呼びかけてください（連絡先が分かれば次回の来店をこちらから促すことが可能です）。

ポスティングをする際の持ち物一式。

❹ ピンポンポスティング「3つの約束」

活動をする上で守ってもらいたい3つの約束があります。

⑴ 身だしなみは完璧に

身だしなみは完璧にしてください。服装、髪、そして臭いです。通常のポスティングしている人たちは、服装が汚れていたり、髪の毛がばらけていたり、あとタバコの臭いがする人がいたりしますが、みなさまは「お店の代表」として近隣を回りますので、そのようなことは絶対にないようにしてください。

⑵ 店内と同じ対応で接する

2つ目は、店内と同じ接客の対応をしてください。来店したお客様と同じように、店外でポスティングで出逢った人には、あいさつ・笑顔・お辞儀の3つを心がけてください。

⑶ 一言メッセージを添える

3つ目は「一言メッセージ」を添えてください。それは手紙、あるいは言葉によって、です。

手紙はポスティングするチラシに一言メッセージを手書きしたメッセージカードをチラシよりも前にクリップしてください。手書きしたものをコピーしても構いません。これだけで受け取った人の印象はかなり変わります。

以上が3つの約束ですが、分かりやすいイメージとしてよく「選挙活動と思うこと」とお伝えしてます。立候補者・支援者たちは選挙活動時に「清き一票をお願いします！」と、一生懸命に声をかけながら回っています。あれと同じだと思い浮かべてもらうと分かりやすいと思います。

服装・髪・においをチェック
身だしなみは完璧に！

❺ 店外での応対「3ステップトーク」

次に、実際店の外に出てチラシを配る際、チラシを渡す人に対面する際に心がけてほしい「3ステップトーク」をお話しします。店の中でお客様と会話するのと、店の外でお客様と会話するのとではトークは異なります。

店の外では、次の3つのステップでトークすることで相手の警戒心を解いてください。

手書きのメッセージを添えよう

(1)【どこの】場所を伝える

まず「どこどこの…」というお店の場所を伝えます。聞いた相手が、お店の場所(目印)が思い浮かぶような説明を考えておくようにしてください。

(2)【何屋が】業態を伝える

そして「何屋が…?」という業態を伝えます。とんかつ屋・焼肉屋・寿司屋といった感じです。この時、あえて店名は言いません。なぜなら店名という未知のワードを口にすると、相手はそこで理解が止まってしまうからです。

(3)【何のために】目的を伝える

最後は「○○をしています」という目的を伝えます。ポスティングですので「近隣のみなさまにチラシをお配りしていまして…」で良いでしょう。

以上の3つをまとめると「どこどこにある(場所)」「何屋ですが(業態)」「近隣のみなさまにチラシをお配りしていまして…」となります。ここまでがちゃんと伝わると相手は安心しますので、距離が一気に縮まります。

6 気をつけるべき「3つのポイント」

次はピンポンポスティングで気をつけてほしいことです。こちらも3つあります。

(1)作業ではない

今回のポスティング活動はポストにチラシを入れる〝作業〟ではありません。通常のポスティングは作業ですが、働いている人を地域の人たちに見てもらう活動ですので、〝店内営業と同じ意識〟で回ってください。

(2)クチコミになる

あなたのポスティングをしている姿がクチコミになります。ポスティングをしながら、みなさんが店内と同じように、近隣の人々に挨拶をして笑顔でペコリとお辞儀をする。その姿が地元で噂になります。

以前、私も「あなた、なんでそんなに楽しそうにやってる(ポスティングしてる)の?」って挨拶した人に聞かれたことがあります(その後、来店いただきました)。それくらい通常のポスティングとは似て非なる活動だと覚えておいてください。

(3)チラシの向きに気を配る

細かいことですが、チラシを入れる向きにも気を配ってください。よくポストにチラシが挟まっていることがあります。チラシが半分、ポストから出てる状態。これはNGとします。

なぜなら、広げた時にグシャっとなるからです。グシャっとなったチラシ。読む前にポイッ！と捨てられてしまうでしょう。むしろこの逆で、来店いただいたお客様に箸を提供するのと同様に、お客様が取りやすいようにチラシの向きに気をつけて投函してください。

この気遣いをちゃんと意識できれば、それは確実に相手に伝わります。そして印象に残りますので、ポスティングの反応率アップへとつながります。

そもそもの話になりますが、ポストとはいえ、その中は相手の家の中です。そこへチラシを投げ込むような真似をすれば、誰だって気分は良くありません。そういう認識で活動するようお願いします。

店外応対の3ステップ

どこの
○○駅前の

何屋が
焼肉屋ですが

何のために
近隣の皆様にチラシをお配りしてまして…

7 活動中の4つの留意点

最後にポスティングをしている最中に留意すべき4つの点があります。

(1) なにかあったらすぐ連絡

活動中、なにかあればスグに店長や社員さんに連絡してください。そのためにもポスティングに出る前には店長・社員さんの連絡先をスマホに登録しておくようにしてください。

近年はポスティングをした家からクレームを受けることも増えています。私も過去に「勝手に入れるな！取りに来い！」といわれ、取りに行ったことがありました。

昨今のコロナ禍で、ストレスを抱えている方も増えてます。なにかあればすぐに連絡してください。

(2) 無理しない

「チラシを渡すのが難しそう」と思った相手であれば、ポスティングしなくてOKです。「チラシお断り」とポストに書かれていたら、チラシを入れないようにしてください。

飲食店は、地元の人たちと一生のつき合

留意点
なにかあったらすぐに連絡する（連絡先を確認）
無理はしない（難しそうだと思ったらしない）
決められた時間内で配布枚数を目指す
活動後の感想を共有する（やった人がつながる）
来店がされたお客様には、配った人があいさつに伺う →アンケートのお願い

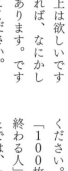

いをするビジネスです。売上は欲しいですが、無理にチラシを投函すれば、なにかしらの遺恨が生まれることもあります。ですので無理はしないようにしてください。

(3)先にお尻を決める

事前に決めた時間内での配布を目指してください。

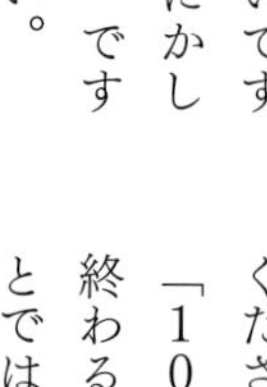
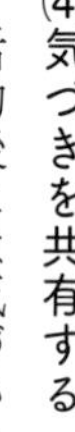

「100枚を配る」といっても「1時間で終わる人」と「1時間半かかってしまう人」とでは、かかる時間が異なり、費用に差が出てしまいます。

ですので枚数ありきではなく、お尻（終了時間）を決めて、その時間内で設定した目標数を配り切るように心がけてください。立地にもよりますが、1件約1分（時給900円であれば@15円）を目安にしてください。

(4)気づきを共有する

活動後には気づいたこと、感想を記録してください。その情報をポスティングをした人たちで共有することで、ポスティングをした人同士でつながりましょう。

1人で取り組むポスティングは孤独です。いつしか笑顔もなくなっていき、配った枚数だけに満足するようになることもしばしばです。

しかし、今回のポスティングでは「どんな出会いがあったの？」とか「こんな声をかけてもらったよ！」とか「こういう配り方をしたら上手くいったよ！」とか、そういった現場の情報を共有することで連帯感を高めていきながら、ポスティングの技術についてもレベルアップさせましょう。

8 ポスティングで来店したら

もしポスティングしたチラシを持ってお客様が来店したら、ポスティングをした人は誰か？が分かれば、食事が落ち着いたタイミングで一言、そのお客様に挨拶に伺ってください。そして続きがあるのですが、そのお客様には必ずアンケートのお願いをしてください。

ポスティングによってご来店いただき、店内で満足していただき、そしてアンケートを記入いただければ、次の来店につながります。

こうしてポスティングをきっかけに、来店したお客様を次回の来店につなげるという「流れ」をつくっていくことが重要です。

著者紹介

白岩 大樹

㈱アップ・トレンド・クリエイツ
代表取締役
汗を流すコンサルタント

大卒後、板前として『なだ万』に勤務。OGMコンサルティング等を経て2009年アップ・トレンド・クリエイツ設立。飲食店の現場に精通した「汗を流すコンサルタント」として、バイトテロ問題では現場を知る専門家としてテレビ、新聞などのメディアに多数出演。『近代食堂』をはじめ飲食店向け専門誌への執筆、著書も多数。
【Twitter：@Daiki_Shiraiwa ／ YouTube：汗を流す飲食コンサルタント 白岩大樹】

ピンポンポスティング実践事例

まさごグループ（静岡・富士市）

先に紹介した静岡のまさごグループでは、勉強会をきっかけに2021年2月半ばよりポスティング活動をスタート。活動から1年以上経過する中で、テイクアウト売上は全店で115.4%の伸びをみせ、店内の集客にも結びついています。

また、活動を通じて集まった「気づき」を、クラウドを通じて共有し、全スタッフにフィードバックすることで活動のモチベーションを高い状態で維持できている点も注目です。

活動内容はクラウドフォームで管理

各店のポスティング活動の進捗状況や気づきの共有はグーグルのクラウドフォームを活用。活動の開始と終了のタイミングでスマートフォン・タブレットを使って入力してもらいます。これによってタイムリーに「活動時間」「実施件数」「1件あたりの配布時間」「配布コスト」を自動的に算出することができるようになりました。

通りがかりの人に「暑いのにご苦労様」と言ってもらえました。嬉しい気持ちになりました！

常連様や近所の方々の優しい心遣いが嬉しかった。「カキフライ美味しいよね」など商品についての評価も高くて嬉しかったです。

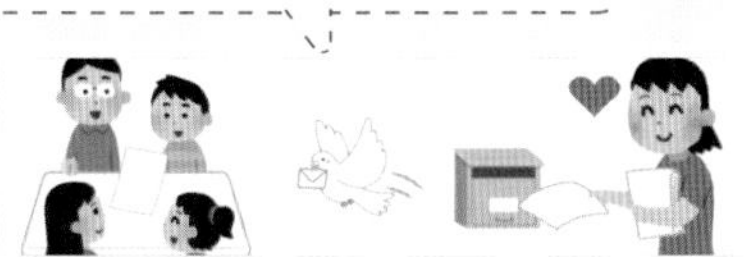

「つながるポスティング」報告フォーム

近隣へポスティング活動を実施した人が入力するフォームです。

*必須

店名 *

選択

名前 ※複数人の場合「,（半角カンマ）」で区切ってください。 *

回答を入力

打刻 *

開始

終了

休憩開始

雨予報でしたが降っていなかったので少しでも配れてよかったです！

近隣地域で6回目のところ、今回は法事、慶事の新しいパンフレットを配りました。

Google フォームでパスワードを送信しないでください。

初めての地域でポスティングした次の日に、お客様がチラシを持ってお弁当の注文に来店されました。法事に利用したいと2500円のお弁当20個ご注文、ありがたかったです。

リモートで勉強会開催

コロナ禍での活動だったため、勉強会はリモートで実施。見逃した人のために勉強会の様子は動画で記録し共有しました。

左／手書きのメッセージをコピーしてスタンプ　右／近隣の地図でエリア分け

2021年2月にポスティングを開始した際に作成したチラシは、テイクアウトの注文を増やすことを狙って「お弁当キャンペーン」と銘打った。コロナ禍にあって「つながる」をテーマにした。